Karin Iden

Köstliche Rezeptideen mit Artischocken

- Vorspeisen, Salate, Suppen und Hauptgerichte – kalt und warm
- Einfache und abwechslungsreiche Rezepte
- Mit Sortenkunde und genauer Anleitung zur Zubereitung

AUGUSTUS

Inhalt

Abkürzungen

EL	= Esslöffel	cm	= Zentimeter
TL	= Teelöffel	mm	= Millimeter
Pck.	= Päckchen	Ø	= Durchmesser
Msp.	= Messerspitze	TK-	= Tiefkühl …
l	= Liter	Gew.-	Gewichts-
ml	= Milliliter	Kl.	= klasse
kg	= Kilogramm	°C	= Grad Celsius
g	= Gramm		

46 Kleine Gerichte

66 Hauptgerichte & Beilagen

Alles über Artischocken

Die Artischocke, ein Distelgewächs, stammt aus dem Orient. Bereits um 500 v. Chr. war sie in Ägypten bekannt. Doch erst viel später, im 13. Jahrhundert, kamen die Artischocken nach Europa. Zuerst entdeckte man sie in Italien, dann in Spanien und Frankreich als Feinschmeckergemüse.

In Deutschland wird das zarte Distelgemüse seit 1540 angebaut. Im 19. Jahrhundert brachten italienische und französische Einwanderer die Artischocken nach Nordamerika. Hier erfreuen sie sich großer Beliebtheit und werden besonders in Kalifornien gepflanzt. Die Artischockenpflanze ist eine bis zu zwei Meter hohe, distelartige Staude, die etwa drei bis vier Jahre lang ertragfähig ist. Die Blätter sind groß und gefiedert. Auf dicken Stängeln entwickeln sich während der Sommermonate die großen, fast runden Knospen oder Blüten-

In manchen Gegenden werden Artischocken-felder noch ganz traditionell bewirtschaftet.

köpfe. Sie sind das eigentliche Gemüse. Man erntet es im Knospenstadium. Gegessen werden die Blütenkorbböden sowie die fleischigen Enden der inneren Hüllblätter. Nur bei jungen Artischocken ist die ganze, lediglich von den festen Hüllblättern befreite Blüte genießbar.

Unterschiedliche Erntezeiten in den verschiedenen Anbauländern bescheren uns dieses edle Gemüse ganzjährig, am häufigsten findet man es allerdings im Spätherbst und Spätfrühling. Gut sortierte Händler führen unterschiedliche Sorten und auch Größen.

Distelköpfe für Genießer

Die feinen Distelköpfe kommen in Frankreich und im gesamten Mittelmeerraum sehr häufig auf den Teller. Schließlich wachsen sie in Italien, Spanien, Frankreich – dort besonders in der Bretagne – in Ägypten, Israel, Algerien, Marokko und der Türkei auf großen Plantagen. Selbst in Deutschland gedeiht die frostempfindliche Artischocke – sie wird in der Pfalz und an der Bergstraße angebaut. Artischocken gehören zu den edelsten Gemüsesorten, und trotzdem spielen sie, verglichen mit Frankreich und Italien, bedauerlicherweise noch eine Nebenrolle in unserer Küche. Doch wer einmal weiß, wie einfach ihre Zubereitung wirklich ist, wird die köstlichen Köpfe sicher öfter in seinem Kochtopf untertauchen.

Gut für die Gesundheit

Schon die alten Ägypter und Griechen sollen den Saft der Artischocke getrunken haben. Heute wissen wir: Artischocken enthalten so gut wie kein Fett, dafür elf Gramm Ballaststoffe pro 100 Gramm. Darüber hinaus weisen Artischocken die Vitamine C, E, Provitamin A und Vitamin B$_1$ auf. Wesentlich reicher aber sind sie mit Mineralstoffen und Spurenelementen ausgestattet – so enthalten Artischocken reichlich Kalium, Kalzium, Magnesium, beachtlich viel Eisen, außerdem Kupfer und Mangan.

Ein wichtiger Bestandteil von Artischocken ist das Kohlenhydrat Inulin. Es wird beim Kochen in Fruchtzucker verwandelt und kann ohne das Hormon Insulin abgebaut werden. Deshalb sind Artischocken ein wunderbares Gemüse für Diabetiker. Der herb-milde bis leicht bittere Geschmack wird durch den Bitterstoff Cynarin verursacht.

Die Artischockenwirkstoffe fördern die Gallenbildung in den Leberzellen, die Ausschüttung der Galle in den Dünndarm (das ist wichtig für die Fettverdauung), die Leberfunktion, die Senkung des Cholesterinspiegels und die Harnausscheidung. Außerdem finden sich in der Artischocke Flavonoide (pflanzliche Farbstoffe), die eine antimikrobielle und antioxidative Wirkung haben.

Artischockenpflanzen haben große, gefiederte Blätter. Ihre essbaren Blütenköpfe entwickeln sich während der Sommermonate.

Große und kleine Sorten

• Zu den bekanntesten Sorten gehören die recht ergiebigen und schmackhaften großköpfigen Artischocken aus Frankreich, die *Camus de Bretagne*. Diese Sorte wird wegen ihrer stumpf-kugeligen Form auch Stupsnase genannt. Sie wird bis zu 500 Gramm schwer.
Erntezeit: Mai bis November.
• Die kleinen bis mittelgroßen Artischocken, die *Petits Violets (Lila Artischocken)*, kommen ebenfalls aus der Bretagne und haben eine längliche Form. Die Köpfe sind unterschiedlich schwer – von 70 bis 250 Gramm. Bei den kleineren Exemplaren ist das Heu manchmal weich genug, dass es mitgegessen werden kann. Der untere Teil der Blätter und das Stielinnere sind zart und können ebenfalls verzehrt werden.
Erntezeit: Juni bis Oktober.
• Aus Südfrankreich und Italien kommen die sogenannten *Mini-Artischocken*. Sie sind nur etwa 35 Gramm schwer und werden geerntet, bevor sie das Heu entwickelt haben. Mitunter sind sie so zart, dass man sie nach dem Putzen roh oder nur kurz gegart im Ganzen essen kann. Leider sind sie nur selten auf dem Markt.
Erntezeit: Mai bis August.
• Aus Italien kommen vor allem mittelgroße Artischocken: die kugelförmigen *Romaneschi*,

die zylindrisch geformten *Catanesi* und die rötlich gefärbten *Violetti di Toscana*.
Erntezeit: Juli bis November.
• Zu den kleinen Sorten aus Spanien gehört die *Tudela*. Tudelas sind grün oder violett und länglich und wiegen zwischen 30 und 50 Gramm.
Erntezeit: Oktober bis Mai.

Tipps für den Einkauf

Artischockenblüten sollten prall und unverletzt sein, die Blätter keine trockenen, braunen Spitzen haben. Meist wird das Gemüse stückweise verkauft, kleinere Blütenköpfe hin und wieder auch nach Gewicht. Bei großen und mittelgroßen Sorten sind nur 20 Prozent essbar. Im Gemüsefach des Kühlschranks, mit Frischhaltefolie abgedeckt, lassen sie sich bis zu zwei Wochen aufbewahren. Wer sich weniger Arbeit machen will, kauft Artischockenherzen und -böden, eingelegt in Dosen oder Gläsern. Allerdings ist diese Ware geschmacklich nicht mit frischer vergleichbar.

Frisch geerntete Lila Artischocken aus der Bretagne. Die Blütenköpfe werden knapp unterhalb des Knospenansatzes vom Stiel getrennt.

Vielseitige Verwendung

Wer schon einmal eine Artischocke – egal welcher Größe – nach Anweisung zubereitet hat (detaillierte Vorbereitungsschritte siehe vordere und hintere Umschlaginnenseite), stellt fest, wie einfach und zugleich vielseitig der Umgang mit den stacheligen Köpfchen ist.
• Große Artischocken werden nach dem Vorbereiten im Ganzen in einem sehr großen Topf mit reichlich Salzwasser (versetzt mit Zitronensaft, pro Liter Wasser 1 Esslöffel) bedeckt und in etwa 30 bis 45 Minuten gegart. Zum Essen der großen Artischocken zupft man die Blätter ringsum ab, taucht das fleischige Ende der Blätter in eine kalte Sauce und zieht es genussvoll durch die Zähne. Den Boden befreit man mit Hilfe eines Esslöffels von dem ungenießbaren »Heu« und erhält das Herz, welches ebenfalls zu einem Dip schmeckt.
• Aus mittelgroßen Artischocken gewinnt man Artischockenherzen oder -böden, die man anschließend kochen, dünsten, braten, backen oder frittieren kann. Sie lassen sich aber auch wie die großen Artischocken auf klassische Art zubereiten.
• Die kleinen Artischocken schmecken in Öl gebraten und können im Ganzen, zum Bei-

spiel nur mit etwas Weißbrot, gegessen werden. Ansonsten nach Belieben halbieren.

Küchentipps

• Blattspitzen lassen sich gut mit einer Küchenschere abschneiden. Zum Stutzen der Blüten ein großes scharfes Messer, zum Abschälen der Böden ein Küchenmesser mit leicht gebogener Klinge (Pariermesser) und zum Entfernen des Heus einen Kugelausstecher verwenden.

• Legen Sie die geputzten Artischocken sofort in Zitronenwasser, damit sie sich nicht grau verfärben: Auf 3 Liter Wasser 3 bis 6 Esslöffel Zitronensaft geben. Allerdings: Säure mildert das Verfärben, verhindert es aber nicht vollständig.

• Artischocken verfärben sich in Gefäßen aus Eisen oder Aluminium grauschwarz, gekochte Artischocken, mit Alufolie abgedeckt, werden grün.

• Der Artischockensaft hat die Eigenschaft, Hände, Arbeitsgeräte und Töpfe braun zu färben. Deshalb: Bei der Vorbereitung der Artischocken am besten Gummihandschuhe anziehen. Helle Bretter aus Holz oder Kunststoff vor dem Gebrauch kalt abspülen und sofort nach der Arbeit reinigen.

• Artischocken haben je nach Größe, Alter und Sorte unterschiedliche Kochzeiten. Machen Sie deshalb immer eine Garprobe. Wenn sich bei dicken, großen Köpfen in der Mitte, bei kleinen am Rand ein Blatt abzupfen lässt, sind sie gar.

• Ein trockener Weißwein eignet sich sehr gut zum Kochen mit Artischocken. Er harmoniert mit seiner diskreten natürlichen Säure und ergänzt unaufdringlich den feinen Geschmack der Artischocken. Dagegen passt nicht jeder Rotwein. So werden Artischocken unansehnlich, wenn sie mit Beaujolais oder Ahrwein gegart werden. Besser geht's mit Rotweinen aus Italien oder Spanien.

• Würzen lassen sich Artischockengerichte hervorragend mit Basilikum, Thymian, Rosmarin, Petersilie oder Knoblauch. Aber auch Kerbel und Schnittlauch passen gut. Eine interessante asiatische Note erzielen Sie, wenn Sie beispielsweise mit Sojasauce, Zitronengras, Koriander, Ingwer oder mildem Curry aromatisieren. Seien Sie dann mit der Dosierung aber zurückhaltend.

Suppen & Eintöpfe

Von der konzentrierten klaren Brühe mit Einlage bis zum bunten Eintopf, von der exotischen Kreation bis zur schaumig-sahnigen Suppe reicht das Angebot auf den nächsten Seiten. Wer kann da schon widerstehen?

Raffiniert

Rinderbrühe mit Artischocken

Für 4 Portionen

- 6 mittelgroße Artischocken (à 130 g)
- Zitronenwasser
- Salz
- 2 EL Zitronensaft
- 75 g Langkornreis
- 1 EL Butter
- 4 EL TK-Erbsen und -Möhren
- 1½ l Rinderbrühe (Instant)
- 1 Bund Basilikum

1. Die Artischocken waschen, die Stiele abschneiden. Die Artischocken um ein Drittel stutzen. Die Hüllblätter rund um den Stiel abzupfen. Alle holzigen Teile am Blütenstiel vom Bodenrand zum Stielende hin abschneiden. Das Heu entfernen. Jedes vorbereitete Artischockenherz sofort in Zitronenwasser legen.

2. 2 Liter Wasser, Salz und Zitronensaft aufkochen. Die vorbereiteten Artischockenherzen darin etwa 12 Minuten garen, herausnehmen und abtropfen lassen.

3. Den Reis in kochendem Salzwasser nach Packungsaufschrift garen.

4. Die Butter in einem Topf erhitzen, die Erbsen und Möhren unaufgetaut zugeben und bei kleiner Hitze zugedeckt etwa 5 bis 8 Minuten garen und warm stellen.

5. Die Artischockenherzen der Länge nach in schmale Scheiben schneiden. Mit Reis, Erbsen und Möhren in die Brühe geben. Das Basilikum waschen, trockenschwenken und die Blättchen von den Stielen zupfen.

6. Die Suppe in vorgewärmte Teller geben und mit Basilikumblättchen bestreut servieren.

Zubereitungszeit: ca. 50 Minuten

Serviertipp
Die Suppe mit kleinen Tafelbrötchen als Vorspeise zu einem Menü reichen.

Basilikum verleiht der Rinderbrühe mit Artischocken (Bild Seite 8/9) ein mediterranes Aroma.

Tipp

Für eine selbst gemachte Rinderbrühe 1½ Kilogramm Roastbeefknochen in 2½ bis 3 Liter kaltem Wasser, Salz und Pfefferkörnern aufsetzen und etwa 1 Stunde ohne Deckel (so bleibt die Brühe klar) bei kleiner Hitze kochen, zwischendurch abschäumen. 1 Bund Suppengrün zugeben und die Brühe weitere 2 Stunden bei mittlerer Hitze kochen.

Raffiniert

Kartoffel-Artischocken-Cremesuppe

Für 4 Portionen

- 8 große Artischocken (à 450 g)
- Zitronenwasser
- Salz
- 2 EL Zitronensaft
- 250 g mehlig kochende Kartoffeln
- 125 ml Brühe
- 125 g Sahne
- 2 EL Butter
- Pfeffer
- 2 Tütchen Croûtons mit Walnüssen und Sojakernen (Fertigprodukt)

1. Die Artischocken waschen, die Stiele abbrechen. Die Artischocken um zwei Drittel stutzen. Die äußeren Blätter um den Blütenboden entfernen. Die Blattansätze und harten Stellen am Rand und an der Bodenunterseite abschälen. Das Heu entfernen. Jeden vorbereiteten Boden sofort in Zitronenwasser legen.

2. 2 Liter Wasser, Salz und Zitronensaft aufkochen. Die Böden hineingeben und darin 12 Minuten garen, herausnehmen, mit kaltem Wasser abschrecken und abtropfen lassen. Vom Kochwasser 1 Liter abmessen und beiseite stellen. Die abgetropften Artischockenböden grob zerteilen.

3. Die Kartoffeln schälen, würfeln und in 10 Minuten gar kochen. Die Kartoffeln abgießen, trockendämpfen und warm stellen.

4. Das beiseite gestellte Kochwasser der Artischocken mit der Brühe mischen. Die zerkleinerten Artischockenböden hineingeben, die Kartoffeln zufügen und mit dem Stabmixer im heißen Fond zerkleinern.

5. Die Sahne in einer Schüssel anschlagen. Die Artischocken-Kartoffel-Masse erhitzen und die Schlagsahne sowie die Butter einrühren. Die Masse mit Salz und Pfeffer abschmecken.

6. Die Suppe in vorgewärmte Teller geben und mit den Croûtons bestreut servieren.

Zubereitungszeit:
ca. 1 Stunde 10 Minuten

Tipp

Garen Sie 1 Artischocke im Ganzen. Dann können Sie den gekochten Boden mit den anderen Böden pürieren und die Tellerränder mit je 2 bis 3 Artischockenblättern garnieren. Das Artischockenfleisch der übrigen Blätter streichen Sie in die Suppe.

Mediterran

Tomatensuppe mit Artischocken und Seeteufel

Für 4 Portionen

- 8 mittelgroße Artischocken (à 130 g)
- Zitronenwasser
- Salz
- 2 EL Zitronensaft
- 1 Zwiebel
- 1 Knoblauchzehe
- 3 EL Olivenöl
- 1½ EL Butter
- 2 EL Mehl
- 1 große Dose geschälte Tomaten (800 g)
- 1 TL Tomatenmark
- 3 EL Sahne
- schwarzer Pfeffer
- 1 kräftige Prise Zucker
- 200 g Seeteufelfilet (Lotte)
- 1 großes Bund Kerbel
- frisch gemahlener weißer Pfeffer

1. Die Artischocken waschen, die Stiele abschneiden. Die Artischocken um ein Drittel stutzen. Die Hüllblätter rund um den Stiel abzupfen. Alle holzigen Teile am Blütenstiel vom Bodenrand zum Stielende hin abschneiden. Das Heu entfernen. Jedes vorbereitete Artischockenherz sofort in Zitronenwasser legen.

2. 2 Liter Wasser, Salz und Zitronensaft aufkochen, die Artischockenherzen hineingeben und etwa 8 Minuten garen. Die Artischockenherzen herausnehmen, gut abtropfen lassen und vierteln.

3. Die Zwiebel und die Knoblauchzehe abziehen und klein schneiden. 2 Esslöffel Olivenöl in einem Topf erhitzen und die Zwiebel- und Knoblauchwürfel darin glasig werden lassen.

4. Die Butter und das Mehl zu einem Kloß verkneten und kalt stellen.

5. Die Tomaten mit dem Tomatenmark zu den Zwiebeln geben, mit dem Stabmixer pürieren und die Sahne einrühren. Mit Salz, Pfeffer und Zucker abschmecken. Die Mehlbutter unterrühren und die Suppe 5 Minuten kochen.

6. Das Seeteufelfilet würfeln und im restlichen Öl 2 Minuten anbraten. Die Seeteufelwürfel mit den Artischockenvierteln in die heiße Suppe geben und noch 5 bis 6 Minuten ziehen lassen.

7. Den Kerbel abbrausen und trockenschwenken. Die Blättchen von den Stielen zupfen. Die Suppe nochmals mit Salz, Pfeffer und Zucker abschmecken. In vorgewärmte Teller geben und mit Kerbel bestreut servieren.

Zubereitungszeit:
ca. 40 Minuten

Serviertipp
Als Gästeessen mit knusprigem Stangenweißbrot servieren.

Die Tomatensuppe mit Artischocken und Seeteufel (Bild rechts) ist für Fischliebhaber ein Genuss.

Euro-asiatisch

Glasnudelsuppe mit Artischocken

Für 4 Portionen

- 8 mittelgroße Artischocken (à 130 g)
- Zitronenwasser
- Salz
- 2 EL Zitronensaft
- je 10 g getrocknete Spitzmorcheln und getrocknete Mu-Err-Pilze
- 50 g Glasnudeln
- 600 g Hähnchenbrustfilet
- 6 EL Sesamöl
- 3 kleine Frühlingszwiebeln
- 1 Stängel getrocknetes Zitronengras
- 1¼ l Hühnerbrühe
- 2 EL Sojasauce
- 2 EL trockener Sherry
- 3 Stiele Koriander

1. Die Artischocken waschen, die Stiele abschneiden. Die Artischocken um ein Drittel stutzen. Die Hüllblätter rund um den Stiel abzupfen. Alle holzigen Teile am Blütenstiel vom Bodenrand zum Stielende hin abschneiden. Das Heu entfernen. Jedes vorbereitete Artischockenherz sofort in Zitronenwasser legen.

2. 2 Liter Wasser, Salz und Zitronensaft aufkochen. Die Artischocken darin 5 bis 8 Minuten garen, herausnehmen, abtropfen lassen und vierteln oder achteln.

3. Die Pilze gründlich abbrausen und mit 125 Milliliter warmem Wasser begießen. Die Glasnudeln in kaltem Wasser einweichen.

4. Das Hähnchenbrustfilet trockentupfen. In einer Pfanne 3 Esslöffel Sesamöl erhitzen, das Fleisch darin auf jeder Seite etwa 3 Minuten braten, herausnehmen und in Alufolie gewickelt warm halten.

5. Die Frühlingszwiebeln putzen, waschen und schräg in Ringe schneiden. Die Ringe in dem restlichen Öl in der Pfanne andünsten und beiseite legen.

6. Die Artischockenstücke in der Pfanne im Bratfett schwenken, herausnehmen und beiseite stellen.

7. Von den gequollenen Pilzen die Stiele entfernen, die Pilze gut abspülen. Die Mu-Err-Pilze grob, die Glasnudeln in etwa 6 cm lange Stücke schneiden. Das Pilzwasser durch ein feines Sieb abgießen.

8. Das Zitronengras waschen, trockentupfen und das trockene Ende entfernen. Das Zitronengras sehr fein schneiden. Die Hühnerbrühe aufkochen. Das Pilzwasser und die Pilze, die Artischockenstücke, die Frühlingszwiebeln und das Zitronengras zufügen. Alles einmal erhitzen. Das Hähnchenfilet in schräge Streifen schneiden und in die Brühe geben. Die Brühe mit Sojasauce und Sherry abschmecken.

9. Den Koriander abbrausen und trockenschwenken. Die Blättchen von den Stielen zupfen. Die Suppe mit Korianderblättchen bestreut servieren.

Zubereitungszeit:
ca. 50 Minuten

Klare Artischockensuppe

Für 4 Portionen

- 4 große Artischocken (à 450 g)
- Zitronenwasser
- 1 Zwiebel
- 250 g mittelgroße, fest kochende Kartoffeln
- 2 EL Olivenöl
- ½ Packung TK-Pfannengemüse französisch (150 g)
- 1½ l Geflügelfond (aus dem Glas)
- 4 EL gehackte Kräuter (Dill, Schnittlauch, Petersilie, Kerbel)

1. Die Artischocken waschen, die Stiele abbrechen. Die Artischocken um zwei Drittel stutzen. Die äußeren Blätter um den Blütenboden entfernen. Die Blattansätze und harten Stellen am Rand und an der Bodenunterseite abschälen. Das Heu entfernen. Jeden vorbereiteten Boden sofort in Zitronenwasser legen.

2. Inzwischen die Zwiebel abziehen, die Kartoffeln schälen. Die Zwiebel fein schneiden, die Kartoffeln würfeln. Die Artischockenböden aus dem Zitronenwasser nehmen, abtropfen lassen und würfeln.

3. Das Olivenöl in einem großen Topf erhitzen. Die Zwiebelwürfel zugeben und unter Wenden 5 Minuten anbraten. Das Pfannengemüse (mit der Hälfte der Fettmenge aus dem Päckchen), die Kartoffel- und Artischockenwürfel zufügen, mit dem Geflügelfond aufgießen und aufkochen lassen. Die Suppe bei mittlerer Hitze zugedeckt 10 Minuten kochen.

4. Die Suppe in vorgewärmte Teller geben und mit den Kräutern bestreut servieren.

Zubereitungszeit: ca. 30 Minuten

Serviertipp
Eine köstliche Beilage zu dieser feinen Suppe sind geröstete Weizentoastbrotscheiben, bestrichen mit Artischockenpaste. Diese gibt es fertig in gut sortierten Supermärkten zu kaufen.

Info

Das TK-Pfannengemüse französisch besteht aus Erbsen, Möhren, Champignons, Perlzwiebeln, Mais, Paprikaschoten, Speck, Knoblauch, Kräutern und Gewürzen und harmoniert besonders gut mit dem Geschmack der Artischocken.

Raffiniert

Artischockencremesuppe mit Lachsstreifen

Für 4 Portionen

- 1 Stängel Zitronengras
- 1½ l Hühnerbrühe
- 1 Pck. TK-Suppengrün (50 g)
- 4 große Artischocken (à 400 g)
- Zitronenwasser
- Salz
- 2 EL Zitronensaft
- 1½ EL Butter
- 2 EL Semmelbrösel
- 2 EL Crème fraîche
- 150 g geräucherter Lachs

1. Das Zitronengras waschen, trockentupfen und das trockene Ende entfernen. Die Hühnerbrühe in einem Topf aufkochen, das Zitronengras und das Suppengrün zufügen und die Brühe bei mittlerer Hitze etwa 10 Minuten kochen. Das Zitronengras entfernen.

2. Die Artischocken waschen, die Stiele abbrechen. Die Artischocken um zwei Drittel stutzen. Die äußeren Blätter um den Blütenboden entfernen. Die Blattansätze und harten Stellen am Rand und an der Bodenunterseite abschälen. Das Heu entfernen. Jeden vorbereiteten Boden sofort in Zitronenwasser legen.

3. 2 Liter Wasser, Salz und Zitronensaft in einem Topf aufkochen und die Artischockenböden darin etwa 8 Minuten garen, herausnehmen, kalt abschrecken und abtropfen lassen.

4. Die Butter in einen Topf geben, die Semmelbrösel einrühren und anschwitzen. Die Hühnerbrühe aufgießen, das Suppengrün zugeben. Die Artischockenböden zufügen und 5 Minuten garen.

5. Die Suppe im Mixer oder mit dem Stabmixer pürieren, die Crème fraîche einrühren.

6. Den Lachs in feine Streifen schneiden. Die Suppe in vorgewärmte Teller geben und die Lachsstreifen auf der Suppe anrichten.

Zubereitungszeit:
ca. 45 Minuten

Serviertipp
Die Artischockencremesuppe mit hauchdünnen Knäckebrotscheiben servieren.

Tipps

Für dieses Rezept können Sie auch 8 Artischockenböden aus der Dose nehmen. Diese ebenfalls pürieren. Wer mag, kann als Einlage zusätzlich 4 Artischockenherzen verwenden, die in Geflügelbrühe erhitzt werden. Zum Servieren die Herzen je nach Größe vierteln oder halbieren (Bild rechts).

Sahnig und zart schmeckt die Artischockencremesuppe mit Lachsstreifen (Bild rechts).

Amerikanisch

Hummerrahmsuppe mit Artischocken

Für 4 Portionen

- 6 kleine Artischocken (à 70 g) oder 150 g Artischockenherzen (aus der Dose)
- Zitronenwasser
- Salz
- 2 EL Zitronensaft
- 400 ml Hummerrahmsuppe (aus der Dose)
- 400 ml Hummer- oder Fischfond (aus dem Glas)
- 100 g Crème double
- weißer Pfeffer
- 1 Prise Zucker
- 1 kleines Bund Dill

1. Die Artischocken waschen, die Stiele abschneiden. Die Artischocken um ein Drittel stutzen. Die Hüllblätter rund um den Stiel abzupfen. Alle holzigen Teile am Blütenstiel vom Bodenrand zum Stielende hin abschneiden. Das Heu entfernen. Jedes vorbereitete Artischockenherz sofort in Zitronenwasser legen.

2. 2 Liter Wasser, Salz und Zitronensaft in einem Topf aufkochen. Die Artischockenherzen darin 5 bis 8 Minuten garen, herausnehmen und gut abtropfen lassen.

3. Die Hummerrahmsuppe und den Hummer- oder Fischfond in einen Topf geben, die Crème double einrühren und alles erhitzen.

4. Die Artischockenherzen der Länge nach in dünne Scheiben schneiden. In der Suppe 5 Minuten erhitzen. Mit Salz, Pfeffer und Zucker abschmecken.

5. Den Dill abbrausen, trockenschwenken und die Blättchen von den Stielen zupfen. Die Suppe mit Dill bestreut servieren.

Zubereitungszeit: ca. 35 Minuten

Serviertipp
Die Hummerrahmsuppe schmeckt am besten mit nur leicht gerösteten Baguettescheiben.

 Italienisch

Artischockeneintopf mit Venusmuscheln

Für 4 Portionen

- 4 große Artischocken (à 450 g)
- Zitronenwasser
- Salz
- 2 EL Zitronensaft
- 500 g Venusmuscheln
- 2 Knoblauchzehen
- 1 kleine getrocknete Chilischote
- 8 EL Olivenöl
- 1 Pck. TK-Suppengrün (50 g)
- frisch gemahlener weißer Pfeffer
- 125 ml trockener Weißwein
- 1 l Fischfond (aus dem Glas)
- 1 Bund Petersilie

1. Die Artischocken waschen, die Stiele abbrechen. Die Artischocken um zwei Drittel stutzen. Die äußeren Blätter um den Blütenboden entfernen. Die Blattansätze und harten Stellen am Rand und an der Bodenunterseite abschälen. Das Heu entfernen. Jeden vorbereiteten Boden sofort in Zitronenwasser legen.

2. 2 Liter Wasser, Salz und Zitronensaft in einem Topf aufkochen. Die Böden hineingeben und 5 bis 8 Minuten garen, herausnehmen, kalt abschrecken und abtropfen lassen.

3. Die Muscheln in reichlich Wasser abspülen und in einem Sieb gut abtropfen lassen.

4. Den Knoblauch abziehen und in Stifte schneiden. Die Chilischote zerkrümeln.

5. In einem großen Topf das Olivenöl erhitzen und darin Suppengrün, Knoblauchzehen und Chili andünsten. Mit Salz und Pfeffer würzen. Die Muscheln zufügen, alles mit Wein sowie Fischfond aufgießen und 5 Minuten zugedeckt dünsten, bis sich die Muscheln öffnen. Während des Dünstens den Topf hin und wieder rütteln.

6. Die Petersilie abbrausen, trockenschwenken und fein hacken. Die Artischockenböden vierteln und unter die Muscheln heben. Den Eintopf mit Petersilie bestreut servieren.

Zubereitungszeit: ca. 1 Stunde

Serviertipp
Reichen Sie Schwarzbrot mit Butter zu diesem Eintopf.

Tipp

Muscheln immer genau kontrollieren: Muscheln, die bereits vor dem Kochen geöffnet sind, sowie Muscheln, die sich beim Kochen nicht geöffnet haben, sind nicht zum Verzehr geeignet und müssen weggeworfen werden.

Info

Vongole veraci, was so viel heißt wie »echte Venusmuscheln«, nennen Italiener große Venusmuscheln mit einem Ø von 2 bis 5 cm. Ist von *vongole* die Rede, so sind die nur daumengroßen Venusmuscheln gemeint.

 **Klassisch**

Französischer Artischockentopf

Für 4 Portionen

- 2 mittelgroße Zwiebeln
- 2 Knoblauchzehen
- 600 g Schweinefleisch aus der Keule (ohne Knochen)
- Salz
- weißer Pfeffer
- 8 EL Olivenöl
- 1 Tütchen Safranfäden
- 1 EL gemahlener Kreuzkümmel
- 3 EL Tomatenmark
- 2 l Gemüsefond (aus dem Glas)
- 10 mittelgroße Artischocken (à 130 g)
- Zitronenwasser
- 200 g kleine Tomaten
- 250 g weiße Bohnen (aus der Dose)
- 6 Stiele Petersilie

1. Die Zwiebeln und Knoblauchzehen abziehen und fein würfeln. Das Schweinefleisch in 2 cm große Würfel schneiden und mit Salz und Pfeffer würzen.

2. 5 Esslöffel Öl erhitzen, die Fleischstücke darin rundherum anbraten. Die Zwiebel- und Knoblauchwürfel zufügen. Safran, Kreuzkümmel und Tomatenmark unterrühren. Mit Gemüsefond auffüllen und mit Salz und Pfeffer würzen. Alles zugedeckt bei mittlerer Hitze 1 Stunde kochen.

3. Die Artischocken waschen, die Stiele abschneiden. Die Artischocken um ein Drittel stutzen. Die Hüllblätter rund um den Stiel abzupfen. Alle holzigen Teile am Blütenstiel vom Bodenrand zum Stielende hin abschneiden. Das Heu entfernen. Jedes vorbereitete Artischockenherz sofort in Zitronenwasser legen.

4. Die Tomaten waschen und halbieren oder vierteln. Die weißen Bohnen in einem Sieb abbrausen und abtropfen lassen.

5. Etwa 5 Minuten vor Ende der Garzeit die Artischockenherzen aus dem Zitronenwasser nehmen, gut abtropfen lassen, längs halbieren und in den Eintopf geben. Nach 10 Minuten die weißen Bohnen und die Tomatenviertel zufügen. Vor dem Servieren die restlichen 3 Esslöffel Öl unterrühren und den Eintopf abschmecken.

6. Die Petersilie abbrausen, trockenschwenken und fein hacken. Den Eintopf mit Petersilie bestreut servieren.

Zubereitungszeit:
ca. 1 Stunde 20 Minuten

Variante
Statt Schweinefleisch schmeckt auch Lammfleisch in diesem Eintopf sehr gut. Verwenden Sie dann statt des Gemüsefonds einen Lammfond.

Serviertipp
Als rustikales Gästeessen den Eintopf mit knusprigem Zwiebelbaguette servieren. Als Dessert einen Obstsalat reichen.

Safran und Kreuzkümmel geben dem Französischen Artischockentopf (Bild rechts) eine exotische Note.

Rustikal

Artischockensuppe auf italienische Art

Für 4 Portionen

- 5 große Artischocken (à 400 g)
- Zitronenwasser
- 200 g mehlig kochende Kartoffeln
- 2 Zwiebeln
- 1 EL Butter
- 3 EL Pflanzenöl
- 1½ l Gemüsebrühe
- Salz
- frisch gemahlener weißer Pfeffer
- 4 TL Trüffelöl

1. Die Artischocken waschen, die Stiele abbrechen. Die Artischocken um zwei Drittel stutzen. Die äußeren Blätter um den Blütenboden entfernen. Die Blattansätze und harten Stellen am Rand und an der Bodenunterseite abschälen. Das Heu entfernen. Jeden vorbereiteten Boden sofort in Zitronenwasser legen.

2. Die Kartoffeln schälen, die Zwiebeln abziehen. Die Kartoffeln grob und die Zwiebeln fein würfeln.

3. Die Butter und das Öl in einem Topf erhitzen und die Zwiebelwürfel zugedeckt darin andünsten.

4. Die Artischockenböden aus dem Zitronenwasser nehmen, abtropfen lassen, klein schneiden und mit den Kartoffeln zu den Zwiebeln geben. Mit Gemüsebrühe auffüllen. Alles bei mittlerer Hitze etwa 10 Minuten kochen.

5. Die Suppe mit dem Stabmixer pürieren und durch ein Sieb in einen Topf streichen. Das Püree erneut erhitzen und mit Salz und Pfeffer abschmecken.

6. Die Artischockensuppe in vorgewärmte Teller geben und mit Trüffelöl beträufeln.

Zubereitungszeit: ca. 50 Minuten

Serviertipp
Als Menüauftakt reicht die Suppe auch für 6 bis 8 Portionen. Dann die Suppe in kleinen Tässchen servieren und getoastetes, mit Trüffelöl beträufeltes Weißbrot dazu reichen.

Info

Trüffeln sind die begehrtesten und kostbarsten Pilze überhaupt. Die edelsten ihrer Art kommen aus dem Périgord, aus Burgund, aus der Provence sowie aus Piemont. Trüffelöl enthält natürliches Trüffelaroma.

Gut vorzubereiten

Bunter Artischockeneintopf mit Schnittlauchröllchen

Für 4 bis 6 Portionen

- 5 mittelgroße Artischocken (à 130 g)
- Zitronenwasser
- je 200 g Möhren und Zucchini
- 300 g Kartoffeln
- 2 Zwiebeln
- 3 Knoblauchzehen
- 2 EL Olivenöl
- 1 EL Anisschnaps
- ¼ TL Anissamen
- 800 ml Kalbsfond
- Salz
- frisch gemahlener weißer Pfeffer
- 3 EL TK-Schnittlauch

1. Die Artischocken waschen, die Stiele abschneiden. Die Artischocken um ein Drittel stutzen. Die Hüllblätter rund um den Stiel abzupfen. Alle holzigen Teile am Blütenstiel vom Bodenrand zum Stielende hin abschneiden. Das Heu entfernen. Jedes vorbereitete Artischockenherz sofort in Zitronenwasser legen.

2. Möhren, Zucchini und Kartoffeln waschen, Möhren und Kartoffeln schälen. Von den Zucchini die Enden entfernen. Die Zucchini und die Möhren in dünne Scheiben, die Kartoffeln in grobe Würfel schneiden. Die Artischockenherzen aus dem Zitronenwasser nehmen, abtropfen lassen und vierteln oder achteln.

3. Zwiebeln und Knoblauchzehen abziehen. Beides grob würfeln. Das Olivenöl in einem Topf erhitzen. Die Zwiebel- und Knoblauchwürfel darin anbraten und mit Anisschnaps ablöschen. Artischockenstücke, Möhren, Kartoffeln und Anissamen zugeben. Mit 700 Milliliter Wasser und dem Kalbsfond auffüllen. Alles zugedeckt bei mittlerer Hitze 15 Minuten kochen. 4 Minuten vor Ende der Garzeit die Zucchinischeiben zufügen. Alles mit Salz und Pfeffer würzen.

4. Den Eintopf in vorgewärmte Teller geben und mit Schnittlauch bestreut sehr heiß servieren.

Zubereitungszeit: ca. 50 Minuten

Variante
Statt Zucchini können Sie auch Fenchel verwenden. Dafür 1 Fenchelknolle (etwa 200 Gramm) waschen, halbieren und in feine Streifen schneiden. Die Fenchelstreifen mit den Möhren in den Eintopf geben.

Feine Salate

Salate sind knackige Fantasien in herrlich bunten Farben und der geeignete Einstieg in ein feines Menü. Viele Artischockensalate in diesem Kapitel verdienen es allerdings, als eigenständiges Gericht zur Geltung zu kommen.

Erfrischend

Frühlingssalat mit Artischocken und Eiern

Für 4 Portionen

- 12 kleine Artischocken (à 70 g)
- Zitronenwasser
- 750 ml trockener Weißwein
- 3 EL Zitronensaft
- 5–6 Rosmarinnadeln
- 7 EL Olivenöl
- Meersalz
- schwarzer Pfeffer
- 4 hart gekochte Eier (Gew.-Kl. M)
- 1 Flasche Knoblauchsauce (250 ml; Fertigprodukt)
- 1 Bund Kerbel
- 1 Bund Radieschen (150 g)
- 1 kleine Salatgurke
- 1 kleiner Radicchio

Weißwein macht den Frühlingssalat mit Artischocken und Eiern (Bild Seite 24/25) so richtig spritzig.

1. Die Artischocken waschen, die Stiele abschneiden. Die Artischocken um ein Drittel stutzen. Die Hüllblätter rund um den Stiel abzupfen. Alle holzigen Teile am Blütenstiel vom Bodenrand zum Stielende hin abschneiden. Das Heu entfernen. Jedes vorbereitete Artischockenherz sofort in Zitronenwasser legen.

2. Den Weißwein, Zitronensaft, Rosmarinnadeln, 3 Esslöffel Olivenöl, Meersalz und Pfeffer in einem Topf aufkochen.

3. Die Artischockenherzen in den Weinsud geben und zugedeckt bei kleiner Hitze etwa 10 Minuten kochen. Im Sud abkühlen lassen.

4. Die hart gekochten Eier pellen. Die Eigelbe herauslösen und in eine Schüssel geben. Mit 200 Milliliter Kochwasser der Artischocken und mit der Knoblauchsauce verrühren. Die Eiweiße würfeln. Den Kerbel abbrausen und trockenschwenken. Die Blättchen abzupfen und klein schneiden. Mit den Eiweißwürfeln unter die Knoblauchsauce rühren.

5. Radieschen, Salatgurke und Radicchio putzen, waschen und abtropfen lassen. Die Radieschen in Stifte schneiden. Die Salatgurke der Länge nach halbieren und in dünne Scheiben schneiden. Die abgelösten Radicchioblätter in mundgerechte Stücke zupfen.

6. Die gut abgetropften Artischockenherzen der Länge nach in dünne Scheiben schneiden. Mit allen Salatzutaten mischen und die Salatsauce darüber geben.

Zubereitungszeit:
ca. 30 Minuten

Variante
Wer keinen Knoblauch mag, kann statt der Knoblauchsauce eine süßsaure Fertigsalatsauce auf Tomatenbasis verwenden.

Serviertipp
Den Frühlingssalat in einer flachen Glasschale und mit Kerbelblättchen bestreut servieren. Dazu kross gebackene Baguettebrötchen mit gesalzener Butter reichen.

 **Klassisch**

Artischockensalat mit dicken Bohnen und Speck

Für 6 Portionen

- 300 g TK-dicke Bohnen
- 3 Knoblauchzehen
- 2 Zitronen
- 1½ l trockener Weißwein
- einige Rosmarinnadeln
- 8 EL Olivenöl
- Meersalz
- frisch gemahlener schwarzer Pfeffer
- 1 Prise Zucker
- 12 kleine Artischocken (à 70 g)
- Zitronenwasser
- 200 g gut abgehangener Schinkenspeck
- 3 EL TK-gemischte Kräuter
- 100 g grob geriebener Parmesan

1. Die dicken Bohnen unaufgetaut in einen Topf mit 250 Milliliter Wasser geben und zugedeckt etwa 15 Minuten garen.

2. Die Knoblauchzehen abziehen und fein würfeln. Die Zitronen auspressen und den Saft mit Weißwein, Rosmarinnadeln, der Hälfte des Knoblauchs, 3 Esslöffeln Olivenöl, Salz, Pfeffer und Zucker in einem Topf aufkochen.

3. Die Artischocken waschen, die Stiele abschneiden. Die Artischocken um ein Drittel stutzen. Die Hüllblätter rund um den Stiel abzupfen. Alle holzigen Teile am Blütenstiel vom Bodenrand zum Stielende hin abschneiden. Das Heu entfernen. Jedes vorbereitete Artischockenherz sofort in Zitronenwasser legen.

4. Die Artischockenherzen in den kochenden Weinsud geben, bei kleiner Hitze zugedeckt etwa 10 Minuten gar ziehen lassen, herausnehmen und gut abtropfen lassen.

5. Den Schinkenspeck würfeln und in 1 Esslöffel Olivenöl knusprig braten, herausnehmen und gut abtropfen lassen. Die dicken Bohnen abgießen, kalt abschrecken und aus der Haut lösen.

6. Vom Kochwasser der Artischocken 200 Milliliter abnehmen, abkühlen lassen und mit dem restlichen Olivenöl und dem restlichen Knoblauch verrühren. Die Sauce mit Salz, Pfeffer und Zucker abschmecken.

7. Die Salatsauce mit den Artischocken und den dicken Bohnen mischen. Die Kräuter unterheben. Den Artischockensalat mit den Speckwürfeln und dem Parmesan bestreut servieren.

Zubereitungszeit: ca. 1 Stunde

Variante
Statt des durchwachsenen Schinkenspecks können Sie auch rohen Holsteiner Schinken oder italienische Pancetta (ein rosa-weiß marmorierter, gepökelter Bauchspeck) verwenden.

Raffiniert

Artischockensalat mit Garnelen

Für 4 Portionen

- 4 große Artischocken (à 450 g)
- Zitronenwasser
- Salz
- 2 EL Zitronensaft
- 1 hart gekochtes Ei
- 1 kleine Zwiebel
- 1 Knoblauchzehe
- 1 TL eingelegte Kapern
- 3 EL Weinessig
- frisch gemahlener weißer Pfeffer
- 1 TL Dijonsenf
- 3 EL TK-Salatkräuter
- 8–10 EL Olivenöl
- 200 g geschälte Tiefseegarnelen
- ½ Bund Kerbel

1. Die Artischocken waschen, die Stiele abbrechen. Die Artischocken um zwei Drittel stutzen. Die äußeren Blätter um den Blütenboden entfernen. Die Blattansätze und harten Stellen am Rand und an der Bodenunterseite abschälen. Das Heu entfernen. Jeden vorbereiteten Boden sofort in Zitronenwasser legen.

2. 2 Liter Wasser, Salz und etwas Zitronensaft aufkochen, die Böden hineingeben und darin 10 Minuten garen. Herausnehmen, kalt abschrecken und gut abtropfen lassen.

3. Für die Salatsauce das hart gekochte Ei pellen und fein würfeln. Die Zwiebel und die Knoblauchzehe abziehen und fein würfeln. Die Kapern fein hacken. Alles mit den Kräutern mischen. Essig, Salz, Pfeffer und Senf dazugeben und das Öl nach und nach unterrühren.

4. Die Artischockenböden achteln. Die Tiefseegarnelen und die Artischockenstücke mit der Salatsauce mischen. 20 Minuten zugedeckt kalt stellen.

5. Den Kerbel abbrausen, trockenschwenken, die Blättchen von den Stielen zupfen und hacken. Den Salat mit den Kerbelblättchen bestreut servieren.

Vorbereitungszeit:
ca. 30 Minuten
Kühlzeit:
20 Minuten

Serviertipp
Wer es ganz besonders gut mit sich oder seinen Gästen meint, kann auf dem Salat hauchdünn gehobelte Scheiben von einer kleinen frischen Trüffel verteilen.

Sizilianisch inspiriert ist der feinwürzige Artischockensalat mit Garnelen (Bild rechts).

Originell

Artischocken-Lauch-Salat mit Pumpernickelsauce

Für 4 Portionen

- 4 große Artischocken (à 450 g)
- Zitronenwasser
- Salz
- 2 EL Zitronensaft
- 600 g dünne Lauchstangen oder Lauchzwiebeln
- 2 Scheiben Pumpernickel
- 3 EL Mandelblättchen
- 3 EL Sherryessig
- 2 EL trockener Sherry
- 5 EL Olivenöl
- frisch gemahlener weißer Pfeffer
- frisch geriebene Muskatnuss
- 1 Prise Zucker

1. Die Artischocken waschen, die Stiele abbrechen. Die Artischocken um zwei Drittel stutzen. Die äußeren Blätter um den Blütenboden entfernen. Die Blattansätze und harten Stellen am Rand und an der Bodenunterseite abschälen. Das Heu entfernen. Jeden vorbereiteten Boden sofort in Zitronenwasser legen.

2. 2 Liter Wasser, Salz und den Zitronensaft in einem Topf aufkochen. Die Böden hineingeben und 5 bis 10 Minuten garen. Herausnehmen, kalt abschrecken und abtropfen lassen. 3 Esslöffel Kochwasser beiseite stellen.

3. Die Lauchstangen putzen, der Länge nach halbieren und waschen. In leicht gesalzenem Wasser 3 Minuten kochen, in kaltem Wasser abschrecken und abtropfen lassen. Den Lauch in 3 cm lange Stücke schneiden.

4. Die Artischockenböden vierteln und mit dem Lauch noch warm auf eine Platte legen.

5. Den Pumpernickel fein zerkrümeln und mit Mandelblättchen, Sherryessig, dem Kochwasser der Artischockenböden, Sherry und Olivenöl verrühren. Die Mischung herzhaft mit den Gewürzen abschmecken. Die Sauce über den noch lauwarmen Salat geben.

Zubereitungszeit: ca. 25 Minuten

Variante
Statt Mandelblättchen können Sie auch Pinienkerne nehmen und zusätzlich Würfel von 1 abgezogenen Tomate unterheben.

Info

Pumpernickel stammt aus Westfalen und ist sehr dunkles Roggenschrotbrot ohne Kruste. Es wird in geschlossenen Blechformen 16 bis 24 Stunden im Dampf gebacken. Dabei wird die Getreidestärke in Zucker umgewandelt, was die dunkle Färbung und den aromatischen süßen Geschmack mit sich bringt.

Rustikal

Artischockenpotpourri mit Frühlingszwiebeln

Für 4 Portionen

- 8 mittelgroße Artischocken (à 100 g)
- Zitronenwasser
- Salz
- 2 EL Zitronensaft
- 500 g Frühlingszwiebeln
- 6 EL Olivenöl
- 50 ml Hühnerbrühe
- 250 g Tomaten
- 6–8 schwarze Oliven
- 100 g hauchdünne Parmaschinkenscheiben
- 3 EL Zitronenessig
- frisch gemahlener weißer Pfeffer
- 1 Prise Knoblauchpulver
- 1 EL gehackte Petersilie

1. Die Artischocken waschen, die Stiele abschneiden. Die Artischocken um ein Drittel stutzen. Die Hüllblätter rund um den Stiel abzupfen. Alle holzigen Teile am Blütenstiel vom Bodenrand zum Stielende hin abschneiden. Das Heu entfernen. Jedes vorbereitete Artischockenherz sofort in Zitronenwasser legen.

2. 2 Liter Wasser, Salz und Zitronensaft aufkochen. Die Artischockenherzen darin etwa 8 Minuten garen, herausnehmen und gut abtropfen lassen.

3. Die Frühlingszwiebeln putzen, waschen und schräg in nicht zu schmale Ringe schneiden. Die abgetropften Artischockenherzen halbieren oder vierteln.

4. 3 Esslöffel Olivenöl erhitzen und die Artischockenherzen darin kurz anbraten. Die Hühnerbrühe zugießen und die Artischockenherzen 8 Minuten garen. 3 Minuten vor Ende der Garzeit die Frühlingszwiebeln hinzufügen. Alles abkühlen lassen.

5. Die Tomaten überbrühen, abziehen und würfeln, dabei die Stielansätze entfernen. Die Tomatenwürfel mit den Oliven, den Artischockenherzen und den Zwiebeln auf einer Platte anrichten. Den Schinken rosettenförmig dazulegen.

6. 5 Esslöffel des Artischocken-Zwiebel-Fonds, Zitronenessig, Salz und Pfeffer, Knoblauchpulver, Petersilie und das restliche Öl verrühren und über die Zutaten auf der Platte geben.

Zubereitungszeit:
ca. 20 Minuten

Variante
Sie können die Artischockenhälften oder -viertel auch ungekocht anbraten. Das dauert zwar etwa 8 Minuten länger, gibt dem Salat aber eine schön kräftige Note.

Serviertipp
Zu dem Artischockenpotpourri schmeckt knuspriges Baguette oder Fladenbrot und als Getränk ein Riesling von der Nahe.

Raffiniert

Lachssalat mit Artischocken

Für 4 Portionen

- 4 große Artischocken
  (à 450 g)
- Zitronenwasser
- Salz
- 7 EL Zitronensaft
- ½ Friséesalat
- 1 Avocado
- 200 g geräucherter Lachs
  in Scheiben
- 8 hart gekochte Wachteleier
- 1 TL Dijonsenf
- 1 TL Akazienhonig
- 6 EL Olivenöl
- frisch gemahlener weißer
  Pfeffer
- 1 Prise Cayennepfeffer
- 1 Bund Kerbel
- 100 g Ketakaviar

Feinschmecker kommen mit dem erlesenen Lachssalat mit Artischocken (Bild rechts) voll auf ihre Kosten.

1. Die Artischocken waschen, die Stiele abbrechen. Die Artischocken um zwei Drittel stutzen. Die äußeren Blätter um den Blütenboden entfernen. Die Blattansätze und harten Stellen am Rand und an der Bodenunterseite abschälen. Das Heu entfernen. Jeden vorbereiteten Boden sofort in Zitronenwasser legen.

2. 2 Liter Wasser, Salz und 2 Esslöffel Zitronensaft aufkochen, die Böden hineinlegen und 5 bis 8 Minuten garen. Herausnehmen, kalt abschrecken und abtropfen lassen.

3. Den Friséesalat putzen, waschen und gut abtropfen lassen. Den Salat in mundgerechte Stücke zupfen.

4. Die Avocado halbieren, den Stein entfernen und die Hälften schälen. Das Fruchtfleisch in Scheiben schneiden und mit 1 Esslöffel Zitronensaft beträufeln. Den Lachs in nicht zu dünne Streifen schneiden. Die Wachteleier pellen und halbieren. Die Artischockenböden in kleine Dreiecke schneiden.

5. Für die Sauce den restlichen Zitronensaft, Senf, Honig und Öl verrühren. Mit den Gewürzen pikant abschmecken.

6. Den Kerbel abbrausen, trockenschwenken und die Blättchen von den Stielen zupfen. Die Salatblätter auf vier Tellern anrichten, die Artischockenstücke und die Avocadoscheiben darauf verteilen. Mit etwas Salatsauce beträufeln. Die Lachsstreifen, die halbierten Wachteleier und den Ketakaviar locker darauf setzen und mit der restlichen Sauce beträufeln. Den Salat mit Kerbelblättchen garniert servieren.

Zubereitungszeit:
ca. 20 Minuten

Serviertipp
Hübsch sieht es aus, wenn Sie den Salat mit Borretsch- oder Kapuzinerkresseblüten garnieren. Als Getränk ein Gläschen trockenen Champagner kredenzen.

Erfrischend

Staudensellerie-Artischocken-Salat

Für 4 Portionen

- 6 mittelgroße Artischocken (à 130 g)
- Zitronenwasser
- Salz
- 5 EL Zitronensaft
- ½ Lollo Rosso
- 125 g Staudensellerie
- 2 mürbe Äpfel (z. B. Jonagold)
- 4 EL weißer Balsamessig
- 1 TL Dijonsenf
- 4 EL Olivenöl
- 75 g Blauschimmelkäse
- frisch gemahlener weißer Pfeffer
- 1 Tütchen Croûtons mit Speck und Apfel (Fertigprodukt)

1. Die Artischocken waschen, die Stiele abschneiden. Die Artischocken um ein Drittel stutzen. Die Hüllblätter rund um den Stiel abzupfen. Alle holzigen Teile am Blütenstiel vom Bodenrand zum Stielende hin abschneiden. Das Heu entfernen. Jedes vorbereitete Artischockenherz sofort in Zitronenwasser legen.

2. 2 Liter Wasser, Salz und 2 Esslöffel Zitronensaft aufkochen. Die Artischockenherzen darin 10 bis 12 Minuten garen, herausnehmen und gut abtropfen lassen. 3 Esslöffel Kochwasser beiseite stellen.

3. Den Lollo Rosso und den Staudensellerie putzen und waschen. Den Lollo Rosso in mundgerechte Stücke teilen, den Sellerie in Scheiben schneiden. Die abgetropften Artischockenherzen halbieren und der Länge nach in Scheiben schneiden.

4. Die Äpfel waschen, achteln, die Kerngehäuse entfernen. Die Apfelstücke in dünne Scheiben schneiden und sofort mit dem restlichen Zitronensaft beträufeln.

5. Für die Salatsauce das beiseite gestellte Kochwasser, Balsamessig, Senf und Olivenöl verrühren. Den Käse mit einer Gabel zerdrücken und unterrühren. Die Sauce mit Salz und Pfeffer abschmecken.

6. Salat, Sellerie, Artischocken- und Apfelscheiben auf einem großen Teller anrichten und die Sauce darüber verteilen. Kurz vor dem Servieren die Croûtons über den Salat streuen.

Zubereitungszeit: ca. 30 Minuten

Variante
Für dieses Rezept können Sie auch kleine Artischocken mit einem Gewicht von 70 bis 100 Gramm verwenden. Diese können, geputzt und der Länge nach in sehr dünne Scheiben geschnitten, auch ungekocht mit den Salatzutaten gemischt werden.

Rustikal

Kartoffelsalat mit Artischocken und Speck

Für 4 Portionen

- 8 mittelgroße Artischocken (à 100 g)
- Zitronenwasser
- Salz
- 2 EL Zitronensaft
- 1 kg kleine, fest kochende Kartoffeln
- 1 Zwiebel
- 150 g durchwachsener Speck
- 4–5 EL Kräuteressig
- 1 Prise Zucker
- frisch gemahlener weißer Pfeffer
- 1 EL Schnittlauchröllchen

1. Die Artischocken waschen, die Stiele abschneiden. Die Artischocken um ein Drittel stutzen. Die Hüllblätter rund um den Stiel abzupfen. Alle holzigen Teile am Blütenstiel vom Bodenrand zum Stielende hin abschneiden. Das Heu entfernen. Jedes vorbereitete Artischockenherz sofort in Zitronenwasser legen.

2. 2 Liter Wasser, Salz und Zitronensaft aufkochen und die Artischockenherzen darin 8 bis 10 Minuten garen. Herausnehmen und abtropfen lassen. 2 bis 3 Esslöffel Kochwasser beiseite stellen.

3. Die Kartoffeln waschen und in Salzwasser in etwa 20 Minuten garen.

4. Inzwischen für die Salatsauce die Zwiebel abziehen und fein würfeln. Den Speck ebenfalls würfeln und in einer Pfanne auslassen. Das Speckfett durch ein Sieb in eine Schüssel gießen.

5. Die Kartoffeln abgießen, trockendämpfen und noch heiß schälen. Die Kartoffeln in Scheiben schneiden.

6. Die Zwiebelwürfel und das Kochwasser der Artischocken zu dem Speckfett geben. Die Mischung mit Essig verrühren, mit Salz, Zucker und Pfeffer würzen und unter die warmen Kartoffelscheiben mischen.

7. Die Artischockenherzen achteln und mit dem Schnittlauch vorsichtig unter den Kartoffelsalat heben. Die ausgelassenen Speckwürfel über den Salat streuen.

Zubereitungszeit:
ca. 40 Minuten

Serviertipp
Dazu passt ganz ausgezeichnet kaltes, dünn aufgeschnittenes Kasseler.

Tipp

Für diesen Salat möglichst kleine Kartoffeln gleicher Größe verwenden, damit alle zur gleichen Zeit gar werden. Am besten eignen sich fest kochende Sorten, z. B. Siglinde, Hansa, Linda, Celia oder Forelle. Eine Delikatesse sind Bamberger Hörnle, die Sie aber nicht in allen Gegenden kaufen können.

Französisch

Artischockensalat mit gratiniertem Ziegenkäse

Für 4 Portionen

- 4 große Artischocken (à 450 g)
- Zitronenwasser
- Salz
- 2 EL Zitronensaft
- je 1 rote, gelbe und grüne Paprikaschote
- 2 Schalotten
- 3 EL Himbeeressig
- 5 EL Olivenöl
- grob zerstoßener rosa und grüner Pfeffer
- 2–3 runde Ziegenkäse (à 40 g; z. B. Rigotte)
- 3 EL Sesamsamen
- 3–5 Tropfen Basilico-Öl
- ½ Bund Schnittlauch

Raffiniert gewürzt ist der Artischockensalat mit gratiniertem Ziegenkäse (Bild rechts).

1. Die Artischocken waschen, die Stiele abbrechen. Die Artischocken um zwei Drittel stutzen. Die äußeren Blätter um den Blütenboden entfernen. Die Blattansätze und harten Stellen am Rand und an der Bodenunterseite abschälen. Das Heu entfernen. Jeden vorbereiteten Boden sofort in Zitronenwasser legen.

2. 2 Liter Wasser, Salz und Zitronensaft in einem Topf aufkochen, die Artischockenböden hineingeben und 8 bis 10 Minuten garen.

Tipp

Statt der frischen Artischocken können Sie auch eingelegte Artischockenböden aus dem Glas verwenden. Selbst eingelegte Paprikaschotenstreifen passen zu diesem Salat. Dann sollten Sie beim Würzen der Salatsauce etwas zurückhaltender sein.

Info

Basilico-Öl ist eine Mischung aus Maiskeim- und Olivenöl mit natürlichen Basilikumauszügen, die besonders schonend gewonnen werden.

Herausnehmen und kalt abschrecken.

3. Paprikaschoten halbieren, entstielen, entkernen, waschen und in feine Streifen schneiden. Schalotten abziehen und fein würfeln. Artischockenböden halbieren und quer in Streifen schneiden. Mit den Paprikastreifen mischen und das Gemüse in einer flachen Schüssel anrichten.

4. Himbeeressig, Olivenöl, Schalottenwürfel, Salz und Pfeffer verrühren und über die Salatzutaten geben. Zugedeckt 15 Minuten kalt stellen.

5. Inzwischen die Ziegenkäse in Streifen schneiden, in den Sesamsamen wälzen und in eine feuerfeste Form setzen. Unter dem Grill (mittlere Schiene) 6 bis 8 Minuten grillen, bis der Käse leicht zerläuft.

6. Den Käse auf dem Salat anrichten, den Salat mit Basilico-Öl beträufeln. Schnittlauch abbrausen, trockenschwenken und in Röllchen schneiden. Den Salat mit Schnittlauch bestreut servieren.

Zubereitungszeit: ca. 30 Minuten

Vegetarisch

Artischockensalat mit Wachsbohnen

Für 4 Portionen

- 6 mittelgroße Artischocken (à 130 g)
- Zitronenwasser
- Meersalz
- 3 EL Zitronensaft
- 200 g Wachsbohnen (gelbe Bohnen)
- 2 Schalotten
- 1½ EL Sherryessig
- ½ EL Aceto balsamico
- 1 TL mittelscharfer Senf
- frisch gemahlener weißer Pfeffer
- 1 Prise Zucker
- je 3 EL Sesam- und Traubenkernöl
- ½ Bund Petersilie

1. Die Artischocken waschen, die Stiele abschneiden. Die Artischocken um ein Drittel stutzen. Die Hüllblätter rund um den Stiel abzupfen. Alle holzigen Teile am Blütenstiel vom Bodenrand zum Stielende hin abschneiden. Das Heu entfernen. Jedes vorbereitete Artischockenherz sofort in Zitronenwasser legen.

2. 3 Liter Wasser, Salz und Zitronensaft aufkochen. Die Artischockenherzen darin 10 Minuten garen, herausnehmen, gut abtropfen lassen und vierteln. 3 Esslöffel Kochwasser der Artischocken beiseite stellen.

3. Die Wachsbohnen putzen und waschen. Die Bohnen halbieren oder dritteln. 250 Milliliter Wasser und Salz in einem Topf aufkochen. Die Bohnen darin 8 bis 10 Minuten garen.

4. Für die Salatsauce die Schalotten abziehen, sehr fein würfeln und in eine Schüssel geben. Das Kochwasser der Artischocken, Sherryessig, Aceto balsamico, Senf, Salz, Pfeffer, Zucker und Öl dazugeben und verrühren.

5. Die Petersilie waschen, trockenschwenken, die Blättchen von den Stielen zupfen und fein hacken. Alle Salatzutaten in einer Schüssel mit der Hälfte der Petersilie mischen und die Salatsauce darüber geben. Den Salat mit Petersilie bestreut servieren.

Zubereitungszeit: ca. 25 Minuten

Tipp

Statt des Sherryessigs können Sie auch ½ Esslöffel Cream Sherry verwenden. Das macht die Salatsauce lieblicher im Geschmack.

Infos

Sherryessig ist aus Sherryweinen hergestellt oder mit Sherry verschnitten. Dieser dunkle, aromatische Essig passt nicht nur gut zu Blattsalaten, sondern auch zu Wild, Wildgeflügel und Hülsenfrüchten.
Traubenkernöl wird aus den Kernen von Weintrauben gepresst, ist hell und mild und besitzt ein sehr feines Aroma.

 Rustikal

Artischockensalat mit Paprikaschoten

Für 4 Portionen

- 6 mittelgroße Artischocken (à 150 g)
- Zitronenwasser
- Salz
- 3 EL Zitronensaft
- 3 mittelgroße Tomaten
- 2 grüne Paprikaschoten
- 1 Knoblauchzehe
- frisch gemahlener schwarzer Pfeffer
- 3 EL Essig
- 1 Prise Zucker
- 125 ml Olivenöl
- 1 Bund Petersilie

1. Die Artischocken waschen, die Stiele abschneiden. Die Artischocken um ein Drittel stutzen. Die Hüllblätter rund um den Stiel abzupfen. Alle holzigen Teile am Blütenstiel vom Bodenrand zum Stielende hin abschneiden. Das Heu entfernen. Jedes vorbereitete Artischockenherz sofort in Zitronenwasser legen.

2. 3 Liter Wasser, Salz und Zitronensaft aufkochen. Die Artischocken darin in 10 bis 12 Minuten garen, herausnehmen und abtropfen lassen. Die Blätter abzupfen, die Böden würfeln. Mit den Blättern beiseite legen.

3. Die Tomaten überbrühen und häuten. Die Tomaten vierteln, dabei die Stielansätze entfernen. Die Tomatenviertel in Streifen schneiden.

4. Die Paprikaschoten waschen, vierteln, die weißen Kerne und die Stielansätze entfernen, die Viertel in schmale Streifen schneiden. Die Knoblauchzehe abziehen, klein schneiden und mit dem Gemüse mischen. Alles mit Salz und Pfeffer würzen.

5. Den Essig, 2 Esslöffel kaltes Wasser, etwas Salz, Pfeffer, Zucker und Olivenöl verrühren und mit den Salatzutaten mischen. Alles 20 Minuten zugedeckt ziehen lassen. Noch einmal abschmecken.

6. Die Petersilie abbrausen, trockenschwenken, die Blätter von den Stielen zupfen und fein hacken. Den Salat mit gehackter Petersilie bestreut servieren.

Vorbereitungszeit:
ca. 40 Minuten
Marinierzeit:
20 Minuten

Serviertipp
Reichen Sie den Artischocken-Paprika-Salat als Beilage zu Kurzgebratenem, zusammen mit knusprigem Baguette und gesalzener Butter. Als Getränk passt ein Rotwein, z. B. ein Côte du Rhône.

Raffiniert

Lauwarmer Artischockensalat mit Rucola und Radieschen

Für 4 Portionen

- 8 mittelgroße Artischocken (à 130 g)
- Zitronenwasser
- Salz
- 2 EL Zitronensaft
- 150 g Rucola
- 1 Bund Radieschen
- 3 EL Kräuteressig
- 5 EL Olivenöl
- 1 TL TK-Salatkräuter
- frisch gemahlener schwarzer Pfeffer
- 1 Prise Zucker

1. Die Artischocken waschen, die Stiele abschneiden. Die Artischocken um ein Drittel stutzen. Die Hüllblätter rund um den Stiel abzupfen. Alle holzigen Teile am Blütenstiel vom Bodenrand zum Stielende hin abschneiden. Das Heu entfernen. Jedes vorbereitete Artischockenherz sofort in Zitronenwasser legen.

2. 2 Liter Wasser, Salz und Zitronensaft in einem Topf aufkochen. Die Artischockenherzen darin 12 bis 15 Minuten garen, herausnehmen und gut abtropfen lassen. 6 Esslöffel Kochwasser beiseite stellen.

3. Die Rucola abbrausen und in mundgerechte Stücke zupfen. Die Radieschen putzen, waschen und in Scheiben schneiden.

4. Für die Salatsauce das Kochwasser der Artischocken, Kräuteressig, Olivenöl, Kräuter und Gewürze verrühren.

5. Die Artischockenherzen achteln und mit der Salatsauce mischen. Zum Schluss Rucola und Radieschenscheiben unterheben.

Zubereitungszeit: ca. 40 Minuten

Variante
Wer mag, kann zusätzlich in einer trockenen Pfanne geröstete Sonnenblumenkerne und Radieschensprossen über den Salat streuen.

Serviertipp
Den Salat auf einem mit Kopf- oder Feldsalatblättern ausgelegten großen Teller anrichten und mit wachsweich gekochten Eiern und Toastbrot servieren.

Der Lauwarme Artischockensalat mit Rucola und Radieschen (Bild rechts) schmeckt so richtig nach Süden.

Info

Kräuteressig kann aus Tafelessig oder Weißweinessig hergestellt sein. Die zugesetzten Kräutermischungen variieren im Geschmack. Auch in Qualität und Preis kann Kräuteressig sehr unterschiedlich sein. Das Flaschenetikett gibt genauere Auskunft über die Zutaten.

 Originell

Artischocken-Fenchel-Salat mit Möhren

Für 4 Portionen

- 12 kleine Artischocken (à 70 g)
- Zitronenwasser
- 1 kleine Fenchelknolle
- 250 g Möhren
- Salz
- weißer Pfeffer
- 100 g mittelalter Gouda
- 3 EL TK-Petersilie
- 4 EL Salatmayonnaise
- 3 EL Milch
- 2 EL Zitronensaft
- 1 Prise Zucker
- je 1 Msp. Ingwerpulver und Currypulver

1. Die Artischocken waschen, die Stiele abschneiden. Die Artischocken um ein Drittel stutzen. Die Hüllblätter rund um den Stiel abzupfen. Alle holzigen Teile am Blütenstiel vom Bodenrand zum Stielende hin abschneiden. Das Heu entfernen. Jedes vorbereitete Artischockenherz sofort in Zitronenwasser legen.

2. Den Fenchel putzen, waschen, halbieren und in Streifen schneiden. Das Fenchelgrün beiseite legen. Die Möhren schälen und in dünne Scheiben hobeln. Alles mischen und mit Salz und Pfeffer würzen.

3. Den Käse in dünne Streifen schneiden. Die Artischockenherzen aus dem Zitronenwasser nehmen, abtropfen las-

sen, der Länge nach in dünne Scheiben schneiden. Die Artischockenscheiben mit dem Käse, der Fenchel-Möhren-Mischung und der Petersilie mischen.

4. Die Mayonnaise mit der Milch verrühren, den Zitronensaft und die Gewürze zugeben und herzhaft abschmecken. Mit den Salatzutaten mischen und zugedeckt 30 Minuten kalt stellen.

5. Den Salat mit dem beiseite gelegten Fenchelgrün garniert servieren.

Vorbereitungszeit:
ca. 20 Minuten
Marinierzeit:
30 Minuten

Variante
Der Salat ist eine ideale Beilage zu Kurzgebratenem, wenn Sie die mit Milch verrührte Salatmayonnaise weglassen und stattdessen das Gemüse der Reihe nach in wenig Fett anbraten, mit Zitronensaft beträufeln und würzen. Den streifig geschnittenen Käse dekorativ darauf verteilen.

Tipp

Sollten die Artischockenherzen zu fest sein, können sie auch in kochendem, gesalzenem Zitronenwasser 5 bis 8 Minuten gegart werden. Kalt abgeschreckt und gut abgetropft in Scheiben schneiden und mit den Salatzutaten mischen.

Der Artischocken-Fenchel-Salat mit Möhren (Bild rechts) gibt einen extra Frischekick.

Italienisch

Bunter Artischockensalat mit Schafskäse

Für 4 Portionen

- 6 große Artischocken (à 450 g)
- Zitronenwasser
- Salz
- 6 EL Zitronensaft
- ½ Friséesalat
- je 1 kleine gelbe und rote Paprikaschote
- 1 Tomate
- 2 kleine rote Zwiebeln
- 3 Stiele Thymian
- 100 g Schafskäse
- 100 g schwarze entsteinte Oliven
- 1 EL Honig
- 1 TL mittelscharfer Senf
- 5 EL Olivenöl
- frisch gemahlener weißer Pfeffer

1. Die Artischocken waschen, die Stiele abbrechen. Die Artischocken um zwei Drittel stutzen. Die äußeren Blätter um den Blütenboden entfernen. Die Blattansätze und harten Stellen am Rand und an der Bodenunterseite abschälen. Das Heu entfernen. Jeden vorbereiteten Boden sofort in Zitronenwasser legen.

2. 2 Liter Wasser, Salz und 2 Esslöffel Zitronensaft aufkochen. Die Artischockenböden darin 10 bis 12 Minuten garen, herausnehmen und gut abtropfen lassen.

3. Den Friséesalat, die Paprikaschoten und die Tomate putzen und waschen. Den Salat in mundgerechte Stücke pflücken. Die Paprikaschoten entkernen und würfeln. Die Tomate achteln, dabei den Stielansatz entfernen. Die Zwiebeln abziehen und in Ringe schneiden. Die Artischockenböden achteln. Alle Zutaten auf einer großen Platte anrichten.

4. Den Thymian abbrausen, trockenschwenken und die Blättchen von den Stielen zupfen. Den Schafskäse zerbröckeln. Oliven, Schafskäse und Thymianblättchen über dem Salat verteilen.

5. Für die Sauce den restlichen Zitronensaft, Honig, Senf und Öl verrühren. Die Sauce mit Salz und Pfeffer würzen und über den Salat geben.

Zubereitungszeit: ca. 30 Minuten

Variante
Der Salat wird noch vollwertiger, wenn Sie ihn mit 100 Gramm Alfalfa-, Weizenkeim-, Radieschen- oder Senfsprossen bestreuen.

 Rustikal

Artischocken-Kartoffel-Salat mit Schinken

Für 4 Portionen

- 650 g kleine, fest kochende Kartoffeln
- 3 Knoblauchzehen
- 1 kleine unbehandelte Zitrone
- 2 kleine Zweige Rosmarin
- 250 ml trockener Weißwein
- 150 ml Olivenöl
- Meersalz
- 3 EL Zitronensaft
- 12 mittelgroße Artischocken (à 100 g)
- Zitronenwasser
- 200 g Kirschtomaten
- weißer Pfeffer
- Zucker
- 1 EL Weißweinessig
- 100 g gut abgehangener roher Schinken
- 1 EL Butterschmalz
- 1 EL gehackte Petersilie

1. Die Kartoffeln waschen und mit Schale in etwa 20 Minuten garen.

2. Inzwischen die Knoblauchzehen abziehen. Die Zitrone heiß waschen und in Scheiben schneiden. Den Rosmarin abbrausen. 2 Liter Wasser, den Wein, 50 Milliliter Öl, Knoblauchzehen, 1 Rosmarinzweig, Salz, Zitronenscheiben und 2 Esslöffel Zitronensaft in einem Topf aufkochen.

3. Die Artischocken waschen, die Stiele abschneiden. Die Artischocken um ein Drittel stutzen. Die Hüllblätter rund um den Stiel abzupfen. Alle holzigen Teile am Blütenstiel vom Bodenrand zum Stielende hin abschneiden. Das Heu entfernen. Jedes vorbereitete Artischockenherz sofort in Zitronenwasser legen.

4. Die Artischockenherzen in den kochenden Sud geben und bei kleiner Hitze halb zugedeckt in 8 bis 10 Minuten garen. Im Sud abkühlen lassen. 100 Milliliter Artischockensud beiseite stellen.

5. Die Kartoffeln abgießen, pellen und halbieren oder vierteln. Die Tomaten waschen, halbieren und die Stielansätze entfernen.

6. Die Artischockenherzen aus dem Sud nehmen, abtropfen lassen und vierteln. Mit den Kartoffeln in einer Schüssel mischen. Leicht mit Salz, Pfeffer und einer Prise Zucker würzen.

7. Für die Salatsauce das Kochwasser der Artischocken, Essig, restlichen Zitronensaft, Salz, Pfeffer, Zucker und restliches Olivenöl verrühren. Die Hälfte der Sauce über die Salatzutaten geben.

8. Die Rosmarinnadeln hacken. Den Schinken würfeln und in Butterschmalz knusprig braten. Rosmarin hinzufügen und die übrige Salatsauce einrühren.

9. Den Salat auf Tellern anrichten und mit der Specksauce begießen. Mit Petersilie bestreut servieren.

Zubereitungszeit:
ca. 1 Stunde

Kleine Gerichte

Weniger, dafür umso öfter genießen lautet hier die Devise. Ob im kleinen Kreis zu Hause, unterwegs oder auf der Party mit lieben Freunden – kleine Häppchen mit Artischocken sind abwechslungsreiche Zwischenmahlzeiten.

 **Italienisch**

Artischocken-Antipasti

Für 4 Portionen

- 8 kleine Artischocken
  (à 70 g)
- Zitronenwasser
- Salz
- 2 EL Zitronensaft
- 100 g dünne Räucherlachsscheiben
- 3 EL Maiskeimöl
- frisch gemahlener weißer
  Pfeffer
- 1 EL gehackte Kräuter
  (z. B. Bärlauch, Rucola,
  Petersilie, Kerbel)
- 30 g geriebener Parmesan

1. Die Artischocken waschen, die Stiele abschneiden. Die Artischocken um ein Drittel stutzen. Die Hüllblätter rund um den Stiel abzupfen. Alle holzigen Teile am Blütenstiel vom Bodenrand zum Stiel-ende hin abschneiden. Das Heu entfernen. Jedes vorbe-reitete Artischockenherz so-fort in Zitronenwasser legen.

2. 2 Liter Wasser, Salz und Zitronensaft aufkochen. Die Artischockenherzen darin 10 bis 12 Minuten garen, herausnehmen und gut ab-tropfen lassen.

3. Die Räucherlachsscheiben halbieren oder vierteln und auf vier Teller verteilen. Die Artischockenherzen vierteln und auf dem Lachs anrichten.

4. Öl, Salz, Pfeffer und Kräu-ter verrühren und über die Artischockenherzen träufeln. Den Parmesan in groben Spä-nen über das Gericht hobeln.

Zubereitungszeit:
ca. 25 Minuten

Serviertipp
Reichen Sie zu den Antipasti goldgelb getoastete Weiß-broteckchen und einen ge-mischten Salat in einer Essig-Öl-Marinade mit reichlich gehackten Kräutern. Ein Glas Champagner passt als Ge-tränk wunderbar.

*Die Artischocken-Antipasti
(Bild Seite 46/47) sind für
Italien-Fans beinahe ein Muss.*

Für Gäste

Artischocken klassische Art

Für 4 Portionen

- 8 große Artischocken (à 500 g)
- 200 ml Zitronensaft
- 1 TL Salz
- 2 unbehandelte Zitronen

1. Die Artischocken waschen, die Stiele abbrechen. Von den äußeren Blättern die Spitzen dachziegelartig stutzen. Den Stielansatz glatt abschneiden. Die Schnittstellen mit Zitronensaft einreiben.

2. In zwei großen Töpfen (je 5 Liter Inhalt) Wasser mit Salz und restlichem Zitronensaft zum Kochen bringen.

3. Die Zitronen waschen und in Scheiben schneiden. Auf jede Artischocke eine Zitronenscheibe legen und mit Küchengarn wie ein Päckchen zusammenbinden.

4. Je 2 Artischockenpäckchen in einem Topf nicht ganz zugedeckt 35 bis 40 Minuten bei mittlerer Hitze garen. Die Artischocken herausnehmen, abtropfen lassen und genießen. Währenddessen die übrigen Artischockenpäckchen wie beschrieben kochen.

Zubereitungszeit:
ca. 1 Stunde 15 Minuten

Serviertipp
Die Saucen auf der folgenden Seite schmecken zu den auf klassische Art zubereiteten Artischocken ausgezeichnet. Als Getränk reichen Sie am besten einen französischen Weißwein aus dem Bordeauxgebiet, z. B. einen Entre-deux-Mers oder einen Sauvignon.

Tipps

Zupfen Sie jedes Artischockenblatt einzeln ab. Tauchen Sie das untere Ende in eine Sauce, und streifen Sie den fleischigen Teil des Blattes mit den Zähnen ab. Die inneren, zarten Blätter können Sie auf einmal herausziehen und in die Sauce tauchen.
Das »Heu« auf dem Artischockenboden lösen Sie mit einem Tee- oder Esslöffel. Den saftigen fleischigen Boden können Sie mit Messer und Gabel zu den verschiedenen Saucen essen.

49

Französisch

Für 4 Portionen

- 2–3 TL Rotweinessig
- 1 EL Weißwein
- Salz
- weißer Pfeffer
- 1 Prise Zucker
- 2–3 TL Dijonsenf
- 6–8 EL Olivenöl
- 1 kleine Zwiebel
- 2 hart gekochte Eier
- 1 mittelgroße Gewürzgurke
- 1 Bund Petersilie
- 1 Bund Dill

Sauce Vinaigrette

1. Den Essig, Wein, Salz, Pfeffer, Zucker, Senf und Öl verrühren. Die Zwiebel abziehen und fein hacken. Die Eier pellen. Gurke und Eier fein würfeln und zu der Essig-Öl-Mischung geben.

2. Die Kräuter abbrausen und trockenschwenken. Die Blättchen von den Stielen zupfen, klein schneiden und zur Sauce geben. Mit Salz und Pfeffer abschmecken.

Zubereitungszeit: ca. 15 Minuten

Tipp

Wer es etwas schärfer mag, kann zusätzlich 1 Chilischote in die Sauce Vinaigrette geben. Dazu die Schote entstielen, entkernen und fein hacken.

Französisch

Für 4 Portionen

- 1 Eigelb
- Saft und Schale von 1 unbehandelten Zitrone
- 125 ml Olivenöl
- 150 ml Sonnenblumenöl
- 2 EL eingelegte Kapern
- Salz
- weißer Pfeffer

Die klassische Art des Artischockengenusses: große Artischocken mit verschiedenen Dips (Bild rechts).

Kapern-Mayonnaise-Sauce

1. Das Eigelb mit dem Zitronensaft und der abgeriebenen Zitronenschale mit den Quirlen des Handrührgerätes auf höchster Stufe verrühren.

2. Das Olivenöl und das Pflanzenöl zuerst tropfenweise, dann in einem dünnen Strahl unterrühren. Die Kapern gut abtropfen lassen und fein hacken. Unter die Mayonnaise rühren und diese mit Salz und Pfeffer würzen. Die Mayonnaise kalt servieren.

Zubereitungszeit: ca. 15 Minuten

Varianten
- Für eine Tomaten-Kräuter-Mayonnaise 4 Esslöffel Mayonnaise mit 2 klein geschnittenen Tomaten, Zwiebel- und Knoblauchwürfeln nach Belieben sowie gehackten Basilikumblättchen verrühren und pikant abschmecken.
- Für eine Zitronensauce die Mayonnaise mit etwas Joghurt strecken, gehackte Zitronenmelisseblättchen unterrühren und die Sauce nach Belieben würzen.

Spanisch

Artischockenböden Costa Brava

Für 4 Portionen

- 8 große Artischocken (à 450 g)
- Zitronenwasser
- Salz
- 2 EL Zitronensaft
- 1 Zwiebel
- 1 Knoblauchzehe
- 5 Rosmarinnadeln
- 125 g Rinderhackfleisch
- weißer Pfeffer
- 1 EL TK-Kräuter der Provence
- 2 EL Butter
- 2 Packungen stückige Tomaten (à 370 g)
- Cayennepfeffer

1. Die Artischocken waschen, die Stiele abbrechen. Die Artischocken um zwei Drittel stutzen. Die äußeren Blätter um den Blütenboden entfernen. Die Blattansätze und harten Stellen am Rand und an der Bodenunterseite abschälen. Das Heu entfernen. Jeden vorbereiteten Boden sofort in Zitronenwasser legen.

2. 2 Liter Wasser, Salz und Zitronensaft in einem Topf aufkochen. Die Artischockenböden darin etwa 10 Minuten garen, herausnehmen und abtropfen lassen. Den Backofen auf 200 °C (Umluft 180 °C, Gas Stufe 3–4) vorheizen.

3. Die Zwiebel und die Knoblauchzehe abziehen und fein würfeln. Die Rosmarinnadeln waschen, trockentupfen und fein hacken. Das Hackfleisch, Zwiebel- und Knoblauchwürfel, Salz, Pfeffer und Kräuter gut mischen. Die Artischockenböden damit füllen.

4. Eine feuerfeste Form mit 1 Esslöffel Butter einfetten und die Tomatenmasse darin verteilen. Mit wenig Salz und Pfeffer würzen. Die gefüllten Artischockenböden auf die Tomaten setzen und die restliche Butter in Flöckchen auf der Füllung verteilen.

5. Die Artischocken im heißen Backofen auf der zweiten Schiene von unten in 15 Minuten überbacken. Sofort servieren.

Vorbereitungszeit:
ca. 35 Minuten
Backzeit:
15 Minuten

Serviertipp
Zu diesem Gericht, das Sie gut als kleines Abendessen servieren können, passen Stangenweißbrot und als Getränk ein Weißwein aus dem Penedes, z.B. ein Vallformosa Penedès blanco.

Französisch

Artischockenherzen mit Orangen

Für 4 Portionen

- 16 kleine Artischocken (à 70 g)
- Zitronenwasser
- 3 EL Zitronensaft
- 3 EL Olivenöl
- 500 ml trockener Weißwein (z. B. Frascati)
- 2 kleine unbehandelte Orangen
- 6–8 Knoblauchzehen
- 8 kleine Frühlingszwiebeln
- 1 TL weiße Pfefferkörner
- grobes Salz

1. Die Artischocken waschen, die Stiele abschneiden. Die Artischocken um ein Drittel stutzen. Die Hüllblätter rund um den Stiel abzupfen. Alle holzigen Teile am Blütenstiel vom Bodenrand zum Stielende hin abschneiden. Das Heu entfernen. Jedes vorbereitete Artischockenherz sofort in Zitronenwasser legen.

2. Die Artischockenherzen aus dem Zitronenwasser nehmen und gut abtropfen lassen. Die Herzen halbieren oder vierteln und in eine feuerfeste Auflaufform legen. Mit Zitronensaft und Öl beträufeln. Den Wein angießen. Den Backofen auf 200 °C (Umluft 180 °C, Gas Stufe 3–4) vorheizen.

3. Die Orangen heiß waschen und trockenreiben. Von einer Orange die Schale abreiben und beiseite stellen. Beide Orangen so schälen, dass auch die weiße Haut entfernt wird. Die Orangenfilets mit einem scharfen Messer zwischen den Trennwänden herausschneiden. Die Knoblauchzehen abziehen. Die Frühlingszwiebeln putzen und in 4 cm lange Stücke schneiden.

4. Orangenfilets, Knoblauchzehe und Frühlingszwiebeln mit den Pfefferkörnern und dem Salz vermischen und auf den Artischocken verteilen. Die Artischocken zugedeckt im heißen Backofen auf der zweiten Schiene von unten 15 Minuten backen. Vor dem Servieren mit der abgeriebenen Orangenschale bestreuen.

Vorbereitungszeit:
ca. 30 Minuten
Backzeit:
15 Minuten

Serviertipp
Reichen Sie zu diesem feinen Gericht Blätterteigstangen und als Getränk einen trockenen Weißwein von der Mosel.

Tipp

Wer im Sommer gerne am offenen Feuer grillt, kann dieses Gericht auch »in der Asche« zubereiten. Dazu eine Edelstahlform mit dicht schließendem Deckel oder Alufolie verwenden. Die Grillzeit beträgt 30 Minuten, je nach Hitze.

Raffiniert

Carpaccio mit Artischocken

Für 4 Portionen

- 300 g gut abgehangenes Rinderfilet
- 4 mittelgroße Artischocken (à 125 g)
- Zitronenwasser
- 1 Knoblauchzehe
- 1 Zweig Rosmarin
- 8 EL Olivenöl
- 2 EL Pinienkerne
- 2–3 EL Zitronensaft
- 1 TL Aceto balsamico
- Salz
- 3 EL trockener Weißwein (z. B. Trentiner)
- frisch gemahlener weißer Pfeffer
- einige violette Basilikumblätter

1. Das Rindfleisch in einen Gefrierbeutel geben und in etwa 20 Minuten im Tiefkühlfach leicht anfrieren lassen.

2. Inzwischen die Artischocken waschen, die Stiele abschneiden. Die Artischocken um ein Drittel stutzen. Die Hüllblätter rund um den Stiel abzupfen. Alle holzigen Teile am Blütenstiel vom Bodenrand zum Stielende hin abschneiden. Das Heu entfernen. Jedes vorbereitete Artischockenherz sofort in Zitronenwasser legen.

3. Die Artischockenherzen aus dem Zitronenwasser nehmen, gut abtropfen lassen und in feine Scheiben schneiden. Die Knoblauchzehe abziehen und fein hacken. Den Rosmarin abbrausen und trockenschwenken.

4. 2 Esslöffel Olivenöl mit Knoblauch und Rosmarin erhitzen. Die Artischockenscheiben darin bei starker Hitze kross braten und herausnehmen. Die Pinienkerne in dem Öl goldgelb rösten, herausnehmen und beiseite stellen.

5. Das leicht angefrorene Rindfleisch in hauchdünne Scheiben schneiden. Jede Scheibe zwischen Plastik- oder Frischhaltefolie legen und mit der glatten Seite des Fleischklopfers vorsichtig flach klopfen. Die Folie entfernen und die Fleischscheiben rosettenförmig und leicht überlappend auf vier gut gekühlten Tellern anrichten.

6. Den Zitronensaft, Aceto balsamico und Salz so lange verrühren, bis sich das Salz gelöst hat. Dann das restliche Öl und den Weißwein unterrühren.

7. Die Artischockenscheiben und die Pinienkerne auf dem Carpaccio verteilen, die Ölsauce mit einem Löffel darüber geben und das Gericht mit frisch gemahlenem Pfeffer und fein geschnittenen Basilikumblättern bestreuen.

Zubereitungszeit:
ca. 40 Minuten

Beste Zutaten machen das Carpaccio mit Artischocken (Bild rechts) zum kulinarischen Erlebnis.

Klassisch

Artischocken mit Sardellen-Semmelbröselmischung

Für 4 Portionen

- 8 mittelgroße Artischocken (à 150 g)
- Zitronenwasser
- 1 Knoblauchzehe
- 150 ml Olivenöl
- Salz
- frisch gemahlener weißer Pfeffer
- 8 Sardellenfilets
- 100 g Semmelbrösel
- 2 EL Essig
- 3 EL gehackte Petersilie

1. Die Artischocken waschen, die Stiele abschneiden. Die Artischocken um ein Drittel stutzen. Die Hüllblätter rund um den Stiel abzupfen. Alle holzigen Teile am Blütenstiel vom Bodenrand zum Stielende hin abschneiden. Das Heu entfernen. Jedes vorbereitete Artischockenherz sofort in Zitronenwasser legen.

2. Die Knoblauchzehe abziehen und klein schneiden. Etwas Öl in einem Topf erhitzen und die Knoblauchwürfel darin glasig werden lassen.

3. Die Artischockenherzen aus dem Zitronenwasser nehmen und gut abtropfen lassen. Die Herzen in 4 bis 6 Stücke schneiden, in das Bratfett geben und darin anbraten. Mit Salz und Pfeffer würzen, mit 50 Milliliter Wasser ablöschen und zugedeckt 20 Minuten garen. Zwischendurch weitere 200 Milliliter Wasser angießen.

4. Das restliche Öl in einer Pfanne erhitzen, die Sardellenfilets darin leicht anbraten, die Semmelbrösel unterrühren.

5. Die Artischocken mit Essig ablöschen. Die geröstete Semmelbrösel-Sardellen-Mischung über die Artischocken streuen.

6. Die Artischockenstücke warm oder kalt auf Tellern anrichten und mit Petersilie bestreut servieren.

Zubereitungszeit: ca. 45 Minuten

Serviertipp

Mit Baguette serviert sind die so zubereiteten Artischocken ein feines Abendessen. Der passende Wein: ein Weißwein aus dem Mâcon.

 **Raffiniert**

Überbackene Artischockenböden mit Rosmarin

Für 4 Portionen

- 12 mittelgroße Artischocken (à 180 g)
- Zitronenwasser
- Meersalz
- 250 ml trockener Weißwein
- Saft von 1 Zitrone
- 300 g geriebener Butterkäse
- 50 g durchwachsener Speck
- 2 Stiele Rosmarin
- 1 Bund Petersilie
- grob gemahlener schwarzer Pfeffer

1. Die Artischocken waschen, die Stiele abschneiden. Die Artischocken um zwei Drittel stutzen. Die äußeren Blätter um den Blütenboden entfernen. Die Blattansätze und harten Stellen am Rand und an der Bodenunterseite abschälen. Das Heu entfernen. Jeden vorbereiteten Boden sofort in Zitronenwasser legen.

2. 3 Liter Wasser, Salz, Weißwein und Zitronensaft aufkochen. Die Artischockenböden hineingeben und 5 Minuten garen. Die Artischockenböden im Sud abkühlen lassen.

3. Den Backofen auf 200 °C (Umluft 180 °C, Gas Stufe 3–4) vorheizen. Den Käse und den Speck fein würfeln. Den Rosmarin abbrausen, trockenschwenken, die Nadeln von den Stielen zupfen und klein schneiden. Die Petersilie waschen, trockenschwenken, die Blättchen abzupfen und fein hacken.

4. Die Artischockenböden aus der Kochflüssigkeit nehmen und trockentupfen. Die Ränder in gehackter Petersilie wälzen und die Artischockenböden auf ein mit Backpapier ausgelegtes Blech setzen. Käse, Rosmarin und Speck mischen und damit die Böden füllen.

5. Die Artischockenböden im heißen Backofen auf der mittleren Schiene in etwa 12 Minuten goldgelb überbacken. Mit Pfeffer bestreuen und sofort servieren.

Vorbereitungszeit:
ca. 30 Minuten
Backzeit:
12 Minuten

Serviertipp

Reichen Sie dazu selbst zubereitetes Kartoffelpüree oder einfach nur Toastbrotscheiben. Als Getränk einen Beaujolais Village kredenzen.

Rustikal

Pikanter Artischockenkuchen

**Für 1 Springform
von 30 cm Ø**

- 450 g TK-Blätterteig
- 8 mittelgroße Artischocken
  (à 130 g)
- Zitronenwasser
- Salz
- 2 EL Zitronensaft
- Mehl für die Arbeitsfläche
- Margarine für die Form
- je 4 Stiele Petersilie und Dill
- je ½ Bund Kerbel und
  Schnittlauch
- 100 g Appenzeller
- 375 g Crème fraîche
- 3 Eier (Gew.-Kl. M)
- frisch gemahlener weißer
  Pfeffer

1. Die Blätterteigscheiben auf einer Arbeitsfläche nebeneinander ausbreiten und auftauen lassen.

2. Inzwischen die Artischocken waschen, die Stiele abschneiden. Die Artischocken um ein Drittel stutzen. Die Hüllblätter rund um den Stiel abzupfen. Alle holzigen Teile am Blütenstiel vom Bodenrand zum Stielende hin abschneiden. Das Heu entfernen. Jedes vorbereitete Artischockenherz sofort in Zitronenwasser legen.

3. 2 Liter Wasser, Salz und Zitronensaft aufkochen und die Artischockenherzen darin etwa 8 Minuten garen. Die Artischockenherzen herausnehmen, abtropfen lassen und halbieren oder vierteln.

4. Den Backofen auf 180 °C (Umluft 160 °C, Gas Stufe 2–3) vorheizen. Die Blätterteigplatten übereinander legen und auf einer bemehlten Fläche zu einem Kreis von etwa 36 cm Ø ausrollen. Eine Springform mit Margarine einfetten, den Teig hineinsetzen und den Rand andrücken.

5. Die Kräuter abbrausen, trockenschwenken, die Blättchen von den Stielen zupfen und fein hacken. Den Schnittlauch in Röllchen schneiden. Den Käse fein reiben. Käse, Crème fraîche, Eier und Kräuter verrühren, mit Salz und Pfeffer würzen.

6. Die Artischockenherzen auf dem Blätterteig verteilen und die Crème-fraîche-Mischung darüber gießen. Den Kuchen im heißen Backofen auf der zweiten Schiene von unten 45 bis 50 Minuten backen.

7. Den heißen Artischockenkuchen in Stücke schneiden und sofort servieren.

Vorbereitungszeit:
ca. 30 Minuten
Backzeit:
45–50 Minuten

Serviertipp
Reichen Sie zu diesem pikanten Kuchen einen gemischten Blattsalat mit Vinaigrette und als Getränk einen trockenen Silvaner.

Deftiges für die gemütliche Runde bietet der Pikante Artischockenkuchen (Bild rechts).

 **Klassisch**

Marinierte Artischockenherzen

Für 4 Portionen

- 12 kleine Artischocken (à 70 g)
- Zitronenwasser
- Salz
- 2 EL Zitronensaft
- 4 EL Pflanzenöl
- 2 EL Essig
- 1 TL mittelscharfer Senf
- frisch gemahlener weißer Pfeffer
- 1 Schalotte
- 1 rote Peperoni
- 1 Bund Schnittlauch

1. Die Artischocken waschen, die Stiele abschneiden. Die Artischocken um ein Drittel stutzen. Die Hüllblätter rund um den Stiel abzupfen. Alle holzigen Teile am Blütenstiel vom Bodenrand zum Stielende hin abschneiden. Das Heu entfernen. Jedes vorbereitete Artischockenherz sofort in Zitronenwasser legen.

2. 2 Liter Wasser, Salz und Zitronensaft aufkochen. Die Artischockenherzen darin 10 Minuten garen. Die Artischockenherzen herausnehmen, abtropfen lassen und halbieren.

3. Öl, Essig, Senf, Salz und Pfeffer verrühren. Die Schalotte abziehen und in dünne Scheiben schneiden. Die Peperoni vom Stiel befreien, längs aufschneiden, die Kerne entfernen und die Peperonihälften sehr fein hacken.

4. Den Schnittlauch waschen, trockenschwenken und in feine Röllchen schneiden. Über die Artischockenherzen streuen und diese mit der Marinade begießen. Über Nacht durchziehen lassen.

Vorbereitungszeit:
ca. 30 Minuten
Marinierzeit:
über Nacht

Serviertipp
Marinierte Artischockenherzen eignen sich zusammen mit anderen eingelegten Gemüsen auch als Vorspeise oder als Beilage zu verschiedenen Schinkensorten, z. B. auf einem kalten Büffet.

 **Vegetarisch**

Rührei mit Artischocken

Für 4 Portionen

- 8 mittelgroße Artischocken (à 130 g)
- Zitronenwasser
- 1 Zwiebel
- 60 g Butter
- 8 Eier (Gew.-Kl. M)
- 2 EL Milch
- Salz
- frisch gemahlener weißer Pfeffer
- ½ Bund Kerbel oder Petersilie

1. Die Artischocken waschen, die Stiele abschneiden. Die Artischocken um zwei Drittel stutzen. Die äußeren Blätter um den Blütenboden entfernen. Die Blattansätze und harten Stellen am Rand und an der Bodenunterseite abschälen. Das Heu entfernen. Jeden vorbereiteten Boden sofort in Zitronenwasser legen.

2. Die Zwiebel schälen und fein würfeln. Die Butter in einer Pfanne erhitzen, die Zwiebelwürfel darin glasig werden lassen. Die Eier mit der Milch verquirlen und mit Salz und Pfeffer würzen.

3. Die Artischockenböden aus dem Zitronenwasser nehmen, gut abtropfen lassen und trockentupfen. Die Artischockenböden in jeweils 6 bis 8 Scheiben schneiden.

4. Die Artischockenscheiben zu den Zwiebeln geben, hellgelb anbraten und wenden. Die Eiermilch dazugeben und mit Hilfe eines Holzlöffels großzügig von einer Seite zur anderen schieben. Das Rührei sollte noch ein wenig feucht und nicht fest sein.

5. Kerbel oder Petersilie waschen und trockenschwenken. Die Blättchen von den Stielen zupfen und klein schneiden. Das Rührei mit den Kräutern bestreut servieren.

Zubereitungszeit:
ca. 40 Minuten

Serviertipp
Reichen Sie das Rührei mit Artischocken im Rahmen eines gemütlichen Sonntagsbrunches – am besten schmeckt es mit Vollkornbrot und Butter.

Info

Denken Sie daran: Eier sollten immer frisch sein und möglichst bald verbraucht werden. Lagern Sie die Eier zu Hause im Kühlschrank. Wenn Sie für Rühr- oder Spiegeleier schon etwas ältere Eier verwenden, sollten Sie diese gut durchbraten.

Originell

Frittierte Artischocken

Für 4 Portionen

- 8 kleine Artischocken (à 50 g)
- Zitronenwasser
- Meersalz
- weißer Pfeffer
- Olivenöl zum Ausbacken

1. Die Artischocken waschen, die Stiele abschneiden. Die Artischocken um ein Drittel stutzen. Die Hüllblätter rund um den Stiel abzupfen. Alle holzigen Teile am Blütenstiel vom Bodenrand zum Stielende hin abschneiden. Das Heu entfernen. Jedes vorbereitete Artischockenherz sofort in Zitronenwasser legen.

2. Die Artischockenherzen aus dem Zitronenwasser nehmen und trockentupfen. Die Blüten etwas auflockern, mit Salz und Pfeffer würzen und die Artischockenherzen portionsweise in heißem Olivenöl in einem Topf oder einer Fritteuse bei 180 °C ausbacken. Zwischendurch wenden, damit die Blüten rundherum goldbraun werden. Sie sollten innen weich und außen knusprig sein.

3. Die frittierten Artischocken auf Küchenpapier abtropfen lassen und warm stellen, bis alle frittiert sind.

Zubereitungszeit: ca. 45 Minuten

Variante
Eine Abwechslung auf dem Tisch bieten auch andere frittierte Gemüse, wie Blumenkohlröschen, Möhren- oder Zucchinischeiben. Sie können die Gemüsestücke vor dem Frittieren auch durch einen dünnen Eierkuchenteig ziehen.

Serviertipp
Als Vorspeise oder Bestandteil eines kalt-warmen Buffets sind frittierte Artischocken ideal. Stellen Sie frische Zitronenspalten zum Beträufeln und eine selbst gemachte Knoblauchmayonnaise zum Dippen bereit. Frisches Weißbrot darf natürlich nicht fehlen!

Tipp

Das Öl hat die notwendige Temperatur von etwa 180 °C erreicht, wenn am Stiel eines in das Frittierfett getauchten Holzkochlöffels kleine Bläschen aufsteigen. Ist das Öl nicht heiß genug, saugen sich die Artischocken unnötig voll Fett und liegen entsprechend schwer im Magen.

Mit Knoblauchmayonnaise serviert schmecken Frittierte Artischocken (Bild rechts) noch einmal so gut.

Klassisch

Artischockenomeletts

Für 4 Portionen

- 8 kleine Artischocken
  (à 70 g)
- Zitronenwasser
- Salz
- 2 EL Mehl
- gut 125 ml Olivenöl
- 6 Eier (Gew.-Kl. M)

1. Die Artischocken waschen, die Stiele abschneiden. Die Artischocken um ein Drittel stutzen. Die Hüllblätter rund um den Stiel abzupfen. Alle holzigen Teile am Blütenstiel vom Bodenrand zum Stielende hin abschneiden. Das Heu entfernen. Jedes vorbereitete Artischockenherz sofort in Zitronenwasser legen.

2. Die Herzen aus dem Zitronenwasser nehmen, gut trockentupfen, vierteln und in mit Salz vermischtem Mehl wenden.

3. Das Olivenöl in einer Pfanne erhitzen. Die Artischockenviertel in das heiße Fett geben und darin goldgelb braten. Die Artischockenviertel herausnehmen und auf Küchenpapier abtropfen lassen.

4. Die Eier und wenig Salz verrühren, die Artischockenviertel zufügen. 1 Esslöffel Olivenöl in einer beschichteten Pfanne erhitzen und ein Viertel der Eiermasse hineingeben. Unter leichtem Rütteln der Pfanne das Omelett goldbraun backen. Mit Hilfe eines großen Tellers das Omelett wenden, mit 1 Esslöffel Öl wieder in die Pfanne geben und fertig backen. Die anderen 3 Omeletts auf die gleiche Weise zubereiten.

Zubereitungszeit:
ca. 30 Minuten

Variante
Sie müssen die Artischockenviertel nicht unbedingt in Fett braten. Sie können sie auch 5 bis 6 Minuten in kochendem, gesalzenem Zitronenwasser vorgaren, gut abtropfen lassen und dann wie beschrieben weiterverarbeiten.

Serviertipp
Artischockenomeletts sind eine schöne Abwechslung auf dem sonntäglichen Frühstücksbuffet. Nach Belieben mit frischen Kräutern, zum Beispiel mit Kerbelblättchen bestreut, servieren.

Raffiniert

Artischockenpaste

Für 4 Portionen

- 8 kleine Artischocken (à 70 g)
- Zitronenwasser
- Meersalz
- 2 EL Zitronensaft
- 2 weiße Zwiebeln
- 5 EL Olivenöl
- knapp 200 ml trockener Weißwein
- frisch gemahlener weißer Pfeffer
- 1 Prise Zucker
- 5 EL TK-Petersilie

1. Die Artischocken waschen, die Stiele abschneiden. Die Artischocken um ein Drittel stutzen. Die Hüllblätter rund um den Stiel abzupfen. Alle holzigen Teile am Blütenstiel vom Bodenrand zum Stielende hin abschneiden. Das Heu entfernen. Jedes vorbereitete Artischockenherz sofort in Zitronenwasser legen.

2. 2 Liter Wasser, Salz und Zitronensaft aufkochen und die Artischockenherzen darin in 5 bis 8 Minuten garen. Herausnehmen und abtropfen lassen.

3. Die Zwiebel abziehen und fein würfeln. Das Olivenöl erhitzen und die Zwiebelwürfel darin glasig braten.

4. Die Artischockenherzen zu den Zwiebelwürfeln geben und in etwa 5 Minuten hell anbraten. Mit dem Weißwein ablöschen, die Flüssigkeit etwas einkochen lassen. Die Artischockenherzen etwa 10 Minuten weiterkochen, bis sie breiartig zerkochen.

5. Die Artischockenpaste gut durchrühren und mit Salz, Pfeffer und Zucker würzen. Zuletzt die Petersilie unterrühren.

Zubereitungszeit:
ca. 45 Minuten

Serviertipp
Diese köstliche Paste einfach auf geröstete Baguettescheiben streichen. Als Getränk passt dazu ein Weißwein aus dem Elsass, z. B. ein Pinot Blanc d'Alsace.

Tipp
Die Artischockenpaste lässt sich im Schraubglas verschlossen einige Tage im Kühlschrank aufbewahren.

Hauptgerichte & Beilagen

Kochen, Braten, Dünsten, Überbacken – die Zubereitungsmöglichkeiten von Artischocken sind äußerst vielfältig. Damit Ihnen die Ideen nicht ausgehen, finden Sie hier die richtigen Rezepte für köstliche Hauptgerichte und immer neue Beilagen zu Fisch, Fleisch und Geflügel.

Französisch

Gedünstete Artischockenherzen in Weißweinsauce

Für 4 bis 6 Portionen

- 12 kleine Artischocken (à 70 g)
- Zitronenwasser
- Salz
- 3 EL Zitronensaft
- 1 große Zwiebel
- 1 Knoblauchzehe
- 150 g roher Schinken
- 100 ml Olivenöl
- 1 kleine Dose stückige Tomaten (225 g)
- 150 ml trockener Weißwein
- 1 EL Pinienkerne
- weißer Pfeffer
- 1 Prise gemahlener Koriander
- 2 Stiele Thymian

1. Die Artischocken waschen, die Stiele abschneiden. Die Artischocken um ein Drittel stutzen. Die Hüllblätter rund um den Stiel abzupfen. Alle holzigen Teile am Blütenstiel vom Bodenrand zum Stielende hin abschneiden. Das Heu entfernen. Jedes vorbereitete Artischockenherz sofort in Zitronenwasser legen.

2. 3 Liter Wasser, Salz und Zitronensaft aufkochen. Die Artischockenherzen darin 10 Minuten garen, herausnehmen und gut abtropfen lassen.

3. Für die Sauce die Zwiebel und die Knoblauchzehe abziehen und fein würfeln. Den Schinken in dünne Streifen schneiden.

4. In einem Topf das Öl erhitzen, die Zwiebel und Knoblauchwürfel glasig werden lassen, die Tomatenstücke zugeben und unter Wenden 5 Minuten kochen lassen. Den Weißwein, die Pinienkerne, die Schinkenstreifen, Salz, Pfeffer und Koriander zugeben. Die Sauce bei kleiner Hitze 10 Minuten kochen.

5. Den Thymian abbrausen, trockenschwenken und die Blättchen von den Stielen zupfen. Die Artischockenherzen in die Sauce geben, alles noch einmal erhitzen und mit Thymian bestreut servieren.

Zubereitungszeit: ca. 45 Minuten

Besonders fein für Gäste sind Gedünstete Artischockenherzen (Bild Seite 66/67) in einer köstlichen Weißweinsauce.

Vegetarisch

Artischockengemüse mit Fenchelsamen

Für 4 Portionen

- 8 große Artischocken (à 450 g)
- Zitronenwasser
- Salz
- 3 EL Zitronensaft
- ½ TL Fenchelsamen
- 1 Schalotte
- 1 EL Butter
- 200 ml trockener Weißwein
- 250 g Sahne
- 1 EL Senf
- frisch gemahlener weißer Pfeffer
- 2 EL Anisschnaps
- 6 Stiele Kerbel

1. Die Artischocken waschen, die Stiele abbrechen. Die Artischocken um zwei Drittel stutzen. Die äußeren Blätter um den Blütenboden entfernen. Die Blattansätze und harten Stellen am Rand und an der Bodenunterseite abschälen. Das Heu entfernen. Jeden vorbereiteten Boden sofort in Zitronenwasser legen.

2. 3 Liter Wasser, Salz und Zitronensaft aufkochen und die Böden darin 8 Minuten garen. Die Artischockenböden herausnehmen, abtropfen lassen, vierteln oder achteln und warm stellen.

3. Vom Kochwasser der Artischocken 500 Milliliter abnehmen und bei kleiner Hitze 20 Minuten einkochen lassen.

4. Die Fenchelsamen im Mörser fein zerreiben. Die Schalotte abziehen und fein hacken.

5. Die Butter in einem Topf erhitzen und die Schalottenwürfel darin glasig werden lassen, die Fenchelsamen zufügen. Erst mit Weißwein, dann mit dem Kochwasser der Artischocken aufgießen. Nach und nach die Sahne einrühren und die Sauce mit Senf, Salz, Pfeffer und Anisschnaps abschmecken.

6. Den Kerbel abbrausen, trockenschwenken und die Blättchen von den Stielen zupfen. Die Artischockenböden vorsichtig mit der Sauce mischen und mit Kerbel bestreut servieren.

Zubereitungszeit:
ca. 1 Stunde 10 Minuten

Serviertipp
Mit bissfest gekochten Tagliatelle und einem grünen Salat mit Vinaigrette ist dieses Gericht ein Hochgenuss. Als Getränk passt ein Sauvignon blanc Vin de Pays d'Or.

Euro-asiatisch

Gebratene Artischockenböden mit Tiefseegarnelen

Für 4 Portionen

- 4 große Artischocken (à 450 g)
- Zitronenwasser
- 2 Knoblauchzehen
- 1 Zwiebel
- 1 getrocknete Chilischote
- 1 kleine grüne Paprikaschote
- 1 kräftige Msp. Ingwerpulver
- 3 EL Sojasauce
- 4 EL trockener Sherry
- 6 EL Olivenöl
- Salz
- frisch gemahlener weißer Pfeffer
- 2 EL weiche Kräuterbutter
- 250 g geschälte Tiefseegarnelen
- 1 Bund Koriander

1. Die Artischocken waschen, die Stiele abbrechen. Die Artischocken um zwei Drittel stutzen. Die äußeren Blätter um den Blütenboden entfernen. Die Blattansätze und harten Stellen am Rand und an der Bodenunterseite abschälen. Das Heu entfernen. Jeden vorbereiteten Boden sofort in Zitronenwasser legen.

2. Den Knoblauch und die Zwiebel abziehen. Die Zwiebel fein würfeln, den Knoblauch zerdrücken. Die Chilischote zerkrümeln. Die Paprikaschote waschen und vierteln. Den Stielansatz, die Trennwände und die weißen Kerne entfernen, die Paprikaviertel würfeln.

3. Alle zerkleinerten Zutaten in einer Schüssel mit Ingwer, Sojasauce und Sherry mischen. Zugedeckt 10 Minuten durchziehen lassen.

4. Die Artischockenstücke aus dem Zitronenwasser nehmen und abtropfen lassen. Das Olivenöl in einer Pfanne erhitzen. Die Artischockenstücke darin von beiden Seiten goldgelb braten.

5. Die Paprikamischung zu den Artischocken geben, alles mit Salz und Pfeffer würzen und 5 Minuten dünsten. Die Kräuterbutter unterheben, die Garnelen dazugeben. Alles einmal wenden und die Garnelen in 5 Minuten gar ziehen lassen.

6. Den Koriander abbrausen und trockenschwenken. Die Blättchen von den Stielen zupfen und vor dem Servieren über die gebratenen Artischockenböden streuen.

Zubereitungszeit:
ca. 1 Stunde

Serviertipp
Mit kleinen, in der Schale gebratenen Kartoffeln oder Kartoffelpüree ist dieses Gericht ein wahres Sonntagsessen. Gut passt ein Weißburgunder vom Kaiserstuhl dazu.

In den Gebratenen Artischockenböden mit Tiefseegarnelen (Bild rechts) vereinen sich die Küchen zweier Kontinente.

Französisch

Artischockenherzen Bonne Femme

Für 4 Portionen

- 12 kleine Artischocken (à 70 g)
- Zitronenwasser
- 1 Zwiebel
- 1 Knoblauchzehe
- 100 g roher Schinken
- 4 EL Olivenöl
- 125 ml Fleischbrühe (Instant)
- 1 Packung TK-Erbsen (300 g)
- Salz
- frisch gemahlener weißer Pfeffer
- 1 Bund Kerbel

1. Die Artischocken waschen, die Stiele abschneiden. Die Artischocken um ein Drittel stutzen. Die Hüllblätter rund um den Stiel abzupfen. Alle holzigen Teile am Blütenstiel vom Bodenrand zum Stielende hin abschneiden. Das Heu entfernen. Jedes vorbereitete Artischockenherz sofort in Zitronenwasser legen.

2. Die Zwiebel und die Knoblauchzehe abziehen. Die Zwiebel fein würfeln. Den Schinken ebenfalls klein würfeln.

3. Das Öl erhitzen und die Zwiebelwürfel darin glasig werden lassen. Den Schinken zufügen, die Knoblauchzehe durch die Knoblauchpresse drücken und dazugeben. Alles zugedeckt dünsten.

4. Die Artischockenherzen aus dem Zitronenwasser nehmen, trockentupfen und vierteln. Die Herzen zum Schinken geben und unter Wenden etwa 5 Minuten braten, bis sie hellgelb sind. Mit der Fleischbrühe aufgießen und bei kleiner Hitze zugedeckt etwa 15 Minuten schmoren. 5 Minuten vor Ende der Garzeit die Erbsen zufügen. Mit Salz und Pfeffer abschmecken.

5. Den Kerbel abbrausen und trockenschwenken. Die Blättchen von den Stielen zupfen und fein hacken. Die Artischockenherzen mit Kerbel bestreut servieren.

Zubereitungszeit: ca. 50 Minuten

Variante

Verwenden Sie statt des deutschen rohen Schinkens einmal Pancetta, einen rosaweiß gestreiften, gepökelten Bauchspeck aus Italien. Das gibt dem Gericht eine besonders feine Note.

Serviertipp

Die Artischockenherzen schmecken als Hauptgericht mit pochierten Eiern oder als Beilage zu gebratenem Zanderfilet mit grob gestampftem Kartoffelpüree.

 **Raffiniert**

Gratinierte Artischockenböden

Für 4 Portionen

- 4 große Artischocken
  (à 450 g)
- Zitronenwasser
- Salz
- 2 EL Zitronensaft
- 8 Scheiben Frühstücksspeck
- etwas Olivenöl
- 1 Pck. helle Sauce
  (Fertigprodukt; für 250 ml
  Flüssigkeit)
- 3 EL geriebener Käse
- 3 EL geriebener Parmesan
  zum Bestreuen

1. Die Artischocken waschen, die Stiele abbrechen. Die Artischocken um zwei Drittel stutzen. Die äußeren Blätter um den Blütenboden entfernen. Die Blattansätze und harten Stellen am Rand und an der Bodenunterseite abschälen. Das Heu entfernen. Jeden vorbereiteten Boden sofort in Zitronenwasser legen.

2. 2 Liter Wasser, Salz und Zitronensaft aufkochen. Die Artischockenböden darin 5 Minuten garen. Den Backofen auf 220 °C (Umluft 200 °C, Gas Stufe 4–5) vorheizen.

3. Die Artischockenböden aus dem Kochwasser nehmen und gut abtropfen lassen. Über Kreuz mit den Speckscheiben umwickeln und in eine mit wenig Öl ausgestrichene feuerfeste Form setzen.

4. Für die Sauce die helle Sauce nach Packungsaufschrift zubereiten und den geriebenen Käse einrühren. Die Käsesauce über die Artischockenböden gießen und den geriebenen Parmesan darüber streuen.

5. Die Artischockenböden im heißen Backofen auf der zweiten Schiene von unten in 5 bis 7 Minuten goldgelb überbacken. Die gratinierten Artischockenböden sofort servieren.

Vorbereitungszeit:
ca. 40 Minuten
Backzeit:
5–7 Minuten

Serviertipps
- Die gratinierten Artischockenböden als Hauptgericht mit gedünsteten Blumenkohlröschen reichen oder als Beilage zu gebratener Putenleber mit Salzkartoffeln. Als Getränk dazu passt ein trockener Spätburgunder Rotwein aus Baden.
- Die fleischigen Artischockenblätter können gegart als Vorspeise mit einem Dip gereicht werden (Diprezepte siehe Seite 50).

Rustikal

Artischockenherzen mit Gemüseallerlei

Für 4 bis 6 Portionen

- 8 mittelgroße Artischocken (à 130 g)
- Zitronenwasser
- Salz
- 3 EL Zitronensaft
- 1 Zwiebel
- 3 Möhren
- 8 Frühlingszwiebeln
- 2 große Kartoffeln oder 6 kleine neue Kartoffeln
- 125 ml Olivenöl
- 250 ml Gemüsefond (aus dem Glas)
- ½ Packung TK-Erbsen (150 g)
- frisch gemahlener weißer Pfeffer
- 1 Bund Dill

Kartoffeln machen Artischockenherzen mit Gemüseallerlei (Bild rechts) zu einem nahrhaften Gemüsegericht.

1. Die Artischocken waschen, die Stiele abschneiden. Die Artischocken um ein Drittel stutzen. Die Hüllblätter rund um den Stiel abzupfen. Alle holzigen Teile am Blütenstiel vom Bodenrand zum Stielende hin abschneiden. Das Heu entfernen. Jedes vorbereitete Artischockenherz sofort in Zitronenwasser legen.

2. 3 Liter Wasser, Salz und Zitronensaft aufkochen. Die Artischockenherzen darin etwa 12 Minuten garen, herausnehmen, abtropfen lassen und vierteln.

3. Inzwischen die Zwiebel abziehen und fein schneiden. Möhren und Frühlingszwiebeln putzen und waschen. Die Möhren würfeln. Die Frühlingszwiebeln schräg in dünne Ringe schneiden.

4. Die Kartoffeln schälen und in 2 cm große Stücke schneiden. Kleine neue Kartoffeln nur unter fließendem Wasser gründlich abbürsten, ungeschält und ganz lassen.

5. Das Olivenöl in einer großen Pfanne erhitzen, die Artischockenviertel darin kross anbraten und herausnehmen.

6. Die Zwiebelwürfel in das Bratfett geben, Möhrenwürfel und Kartoffeln zufügen. Mit Gemüsefond aufgießen. Alles 15 Minuten zugedeckt dünsten. Nach 5 Minuten die Erbsen und die Frühlingszwiebeln zufügen.

7. Die Artischocken untermischen und mit Salz und Pfeffer abschmecken. Nach Belieben noch etwas Zitronensaft zugeben.

8. Den Dill abbrausen und trockenschwenken. Die Blättchen von den Stielen zupfen und fein hacken. Das Gericht auf einer Platte anrichten und lauwarm mit Dill bestreut servieren.

Zubereitungszeit: ca.1 Stunde 10 Minuten

Serviertipps
- Für ein Essen mit Freunden darf die Pfanne in die Tischmitte. So kann sich jeder selbst bedienen.
- Zu dem Gericht sollten Sie leicht angewärmtes Fladenbrot und einen Rotwein aus dem Roussillon servieren.

Klassisch

Gefüllte Artischocken Toscana

Für 4 Portionen

- 5 mittelgroße Artischocken (à 250 g)
- Zitronenwasser
- Salz
- 6 EL Zitronensaft
- 100 g entrindetes Weißbrot
- 2 Knoblauchzehen
- 6–8 Rosmarinnadeln
- 30 g getrocknete Tomaten in Öl
- 50 g luftgetrockneter Schinken
- 7–8 EL Olivenöl
- 50 g geriebener Parmesan
- 125 g Mozzarella in Würfeln
- Öl für die Form
- frisch gemahlener weißer Pfeffer

1. Die Artischocken waschen, die Stiele abschneiden. Die Stiele schälen und in Zitronenwasser legen. Die Artischocken um ein Drittel stutzen. Die Hüllblätter rund um den Stiel abzupfen. Alle holzigen Teile am Blütenstiel vom Bodenrand zum Stielende hin abschneiden. Jede vorbereitete Artischocke sofort in Zitronenwasser legen.

2. 3 Liter Wasser, Salz und 3 Esslöffel Zitronensaft aufkochen. Die Artischocken darin etwa 15 Minuten garen.

3. Die Artischocken aus dem Kochwasser nehmen und gut abtropfen lassen. 250 Milliliter Kochwasser beiseite stellen. Restliche harte und innere weiche Blätter aus den Artischocken ziehen, so dass ein Blattkranz stehen bleibt. Das Heu entfernen. Von 1 Artischocke alle Blätter und das Heu entfernen. Von den herausgezogenen dickfleischigen Blättern mit einem Messer das Innere herausstreichen, zusammen mit dem Boden in eine Schüssel geben und beiseite stellen.

4. Das Weißbrot würfeln und fein zerkleinern. Die Knoblauchzehen abziehen. 1 Knoblauchzehe, Rosmarinnadeln, Tomaten und Schinken fein

hacken und alles mit dem Brot mischen. Den Backofen auf 200 °C (Umluft 180 °C, Gas Stufe 3–4) vorheizen.

5. 5 Esslöffel Olivenöl erhitzen und die Brotmischung darin andünsten. In einem Gefäß abkühlen lassen und mit Parmesan sowie Mozzarella mischen. Die Artischocken damit füllen, die Füllung etwas fest drücken. Eine feuerfeste Form einölen, die Artischocken hineinsetzen und mit 3 Lagen Pergamentpapier verschließen.

6. Die Artischocken im heißen Backofen auf der zweiten Schiene von unten etwa 20 Minuten backen.

7. Das beiseite gestellte Artischockenfleisch, die Artischockenstiele und die übrige Knoblauchzehe in 2 Esslöffeln Olivenöl andünsten, mit dem Kochwasser der Artischocken verrühren und 5 Minuten ohne Deckel kochen lassen. Alles mit dem Stabmixer pürieren und mit dem restlichen Zitronensaft sowie Pfeffer würzen. Die gebackenen Artischocken mit der Sauce servieren.

Vorbereitungszeit:
ca. 55 Minuten
Backzeit:
ca. 20 Minuten

Französisch

Artischockenböden Chèvreuse

Für 4 Portionen

- 4 mittelgroße Artischocken (à 250 g)
- Zitronenwasser
- Salz
- 2 EL Zitronensaft
- 1 Zwiebel
- 100 g gekochter Schinken
- 200 g Champignons
- 3 EL Butter
- 4 EL Semmelbrösel
- 3 EL geriebener Tomme de Chèvre (französischer Ziegenkäse)

1. Die Artischocken waschen, die Stiele abschneiden. Die Artischocken um zwei Drittel stutzen. Die äußeren Blätter um den Blütenboden entfernen. Die Blattansätze und harten Stellen am Rand und an der Bodenunterseite abschälen. Das Heu entfernen. Jeden vorbereiteten Boden sofort in Zitronenwasser legen.

2. 2 Liter Wasser, Salz und Zitronensaft aufkochen. Die Artischockenböden darin etwa 5 Minuten garen, herausnehmen und gut abtropfen lassen.

3. Die Zwiebel abziehen und fein würfeln, den Schinken ebenfalls würfeln. Die Champignons putzen, eventuell waschen, trockentupfen und in dünne Scheiben schneiden. Den Backofen auf 200 °C (Umluft 180 °C, Gas Stufe 3–4) vorheizen.

4. Die Butter in einem Topf erhitzen und die Zwiebelwürfel darin glasig werden lassen. Erst die Schinkenwürfel, dann die Champignonscheiben zufügen. Alles 4 Minuten dünsten.

5. Die Artischockenböden halbieren, in eine feuerfeste Form setzen und mit der Champignonmischung bedecken. Semmelbrösel und Tomme de Chèvre mischen und darüber streuen.

6. Die Artischocken im heißen Backofen auf der mittleren Schiene etwa 8 Minuten backen. Sofort servieren.

Vorbereitungszeit:
ca. 35 Minuten
Backzeit:
ca. 8 Minuten

Serviertipp
Servieren Sie die Artischockenböden Chèvreuse mit in der Pfanne gebratenen, geviertelten Pellkartoffeln, die mit Rosmarin bestreut sind.

Info

Tomme de Chèvre kommt aus der französischen Region Provence-Alpes-Côte d'Azur und aus Korsika. Er ist als Hartkäse, halbfester Schnittkäse, Frischkäse oder Weichkäse erhältlich.

Vegetarisch

Artischocken mit Tofufüllung

Für 4 Portionen

- 125 g Tofu (aus dem Reformhaus)
- 2 EL Sojasauce
- 1 EL Weinessig
- 4 mittelgroße Artischocken (à 250 g)
- Zitronenwasser
- Salz
- 2 EL Zitronensaft
- 1 Packung TK-Pfannen-gemüse (300 g)
- 3 EL Crème fraîche
- 100 g Emmentaler in Würfeln
- Cayennepfeffer
- Kräutersalz
- 1 EL Butter für die Form
- 250 ml Brühe nach Belieben

1. Den Tofu in etwa 1 cm große Würfel schneiden. Aus Sojasauce und Essig eine Marinade rühren. Diese über die Tofuwürfel gießen und den Tofu 2 Stunden zuge-deckt ziehen lassen.

2. Die Artischocken waschen, die Stiele abschneiden. Die Artischocken um zwei Drittel stutzen. Die äußeren Blätter um den Blütenboden entfer-nen. Die Blattansätze und harten Stellen am Rand und an der Bodenunterseite ab-schälen. Das Heu entfernen. Jeden vorbereiteten Boden sofort in Zitronenwasser legen.

3. 2 Liter Wasser, Salz und Zitronensaft aufkochen und die Böden darin etwa 12 Mi-nuten garen. Den Backofen auf 200 °C (Umluft 180 °C, Gas Stufe 3–4) vorheizen.

4. Inzwischen das Pfannen-gemüse nach Packungsauf-

schrift zubereiten. Crème fraîche, Emmentaler und Tofu unterrühren und alles mit Pfeffer und Salz abschmecken.

5. Die Artischockenböden aus dem Kochwasser nehmen und abtropfen lassen. Das Gemü-se auf die Böden geben. Die gefüllten Artischockenböden in eine gefettete, feuerfeste Form setzen. Nach Belieben etwas Brühe angießen.

6. Die Artischocken mit Tofufüllung im heißen Back-ofen auf der untersten Schie-ne etwa 15 Minuten backen.

Vorbereitungszeit:
ca. 35 Minuten
Marinierzeit:
2 Stunden
Backzeit:
ca. 15 Minuten

Serviertipp
Das Gericht mit Naturreis oder Rosmarinkartoffeln zu Tisch bringen.

Artischocken mit Tofufüllung (Bild rechts) passen gut zu Reis oder Rosmarinkartoffeln.

Info

Tofu ist eine aus getrockneten und pürier-ten Sojabohnen gewonnene, quarkähnliche Masse. Besonders in Asien ist Tofu sehr ver-breitet. Der Geschmack ist neutral. Man kann Tofu braten, kochen, grillen oder als Suppen-einlage verarbeiten.

Rustikal

Artischockenauflauf

Für 4 Portionen

- 8 große Artischocken (à 450 g)
- Zitronenwasser
- 2 EL Butter
- 2 Eier (Gew.-Kl. M)
- 200 g gekochter Schinken
- 250 g Sahne
- 100 g geriebener Gruyère
- Salz
- Pfeffer

1. Die Artischocken waschen, die Stiele abbrechen. Die Artischocken um zwei Drittel stutzen. Die äußeren Blätter um den Blütenboden entfernen. Die Blattansätze und harten Stellen am Rand und an der Bodenunterseite abschälen. Das Heu entfernen. Jeden vorbereiteten Boden sofort in Zitronenwasser legen.

2. Die Artischockenböden aus dem Zitronenwasser nehmen, abtropfen lassen und quer halbieren. Die Hälfte der Butter in einer Pfanne erhitzen und die Artischockenböden darin bei mittlerer Hitze 3 Minuten anbraten, in weiteren 5 Minuten zugedeckt gar dünsten.

3. Den Backofen auf 200 °C (Umluft 180 °C, Gas Stufe 3–4) vorheizen. Mit der restlichen Butter eine feuerfeste Form einfetten. Die Artischockenböden in die Form setzen.

4. Die Eier trennen, den Schinken in Würfel schneiden. Schinkenwürfel, Sahne, Eigelbe und Gruyère verrühren und die Masse mit Salz und Pfeffer würzen.

5. Die Eiweiße steif schlagen und unter die Eigelb-Käse-Masse heben. Diese über die Artischockenböden in der Form verteilen. Die Artischocken im heißen Backofen auf der zweiten Schiene von unten in 10 Minuten überbacken.

Vorbereitungszeit:
ca. 40 Minuten
Backzeit:
10 Minuten

Serviertipp
Den Artischockenauflauf mit dünnen, gerösteten Vollkornbrotscheiben servieren. Vorweg eine klare Gemüsesuppe reichen.

Info

Gruyère oder Greyerzer ist ein Schweizer Hartkäse aus dem Saanetal in den Freiburger Voralpen. Er wird in großen Laiben, die bis zu 50 Kilogramm schwer sind, hergestellt. Der Geschmack ist herzhaft-nussig.

Klassisch

Artischocken alla Romana

Für 4 Portionen

- 8 mittelgroße Artischocken
  (à 150 g)
- Zitronenwasser
- 1 Bund Petersilie
- 5 Stiele Minze
- 1 Knoblauchzehe
- Saft von 1 Zitrone
- 1 EL Semmelbrösel
- Salz
- weißer Pfeffer
- 6 EL Olivenöl
- 125 ml trockener Weißwein

1. Die Artischocken waschen, die Stiele abschneiden. Die Stiele schälen und in Zitronenwasser legen. Die Artischocken um ein Drittel stutzen. Die Hüllblätter rund um den Stiel abzupfen. Alle holzigen Teile am Blütenstiel vom Bodenrand zum Stielende hin abschneiden. Das Heu entfernen. Jedes vorbereitete Artischockenherz sofort in Zitronenwasser legen.

2. Für die Füllung die Petersilie und die Minze abbrausen, trockentupfen, die Blättchen von den Stielen zupfen und klein schneiden. Die Knoblauchzehe abziehen und fein zerdrücken. Knoblauch, Zitronensaft, Kräuter, Semmelbrösel, Salz und Pfeffer mit 3 Esslöffeln Olivenöl vermischen.

3. Die Artischockenherzen und -stiele aus dem Zitronenwasser nehmen und gut abtropfen lassen. Die Artischockenblätter leicht auseinander biegen und die Füllung hineingeben.

4. Das restliche Öl in einem Topf erhitzen, die Artischocken mit der Schnittstelle nach oben sowie die Stiele hineingeben und alles mit so viel Wein begießen, dass die Artischocken halb bedeckt sind. Eventuell den Rest mit Wasser auffüllen. Die Artischocken zugedeckt in 15 Minuten weich dünsten.

Zubereitungszeit:
ca. 40 Minuten

Variante
Zusätzlich 4 fein zerdrückte Sardellenfilets unter die Füllung heben, das gibt dem Gericht eine sehr pikante Note.

Tipp
Sind die Artischockenstiele nicht allzu lang, müssen sie nicht abgeschnitten werden.

Raffiniert

Entenbrust auf Artischocken- sauce mit Oliven

Für 2 Portionen

- 2 große Artischocken
  (à 300 g)
- Zitronenwasser
- Salz
- 1 EL Zitronensaft
- 1 Ente (1 kg)
- 1 Zwiebel
- 1 Knoblauchzehe
- 2 Möhren
- 1 Stück Sellerieknolle
- 1 Petersilienzweig
- 3 Wacholderbeeren
- ½ TL Senfkörner
- 4 schwarze Pfefferkörner
- 1 kleines Stück Lorbeerblatt
- 125 ml trockener Rotwein
  (z. B. Bordeaux)
- 125 ml trockener Wermut
- 1 l Hühnerbrühe
- 1 TL Sardellenpaste
- 2 Tomaten
- 1 Bund Estragon
- frisch gemahlener weißer
  Pfeffer
- 50 g eiskalte Butter
- 200 g entsteinte, eingelegte
  schwarze Oliven
- 3 EL Olivenöl
- 3 EL Butterschmalz

Entenbrust auf Artischocken-
sauce mit Oliven (Bild rechts)
beeindruckt durch edle Würze.

1. Die Artischocken waschen, die Stiele abbrechen. Die Artischocken um zwei Drittel stutzen. Die äußeren Blätter um den Blütenboden entfernen. Die Blattansätze und harten Stellen am Rand und an der Bodenunterseite abschälen. Das Heu entfernen. Jeden vorbereiteten Boden sofort in Zitronenwasser legen.

2. 1 Liter Wasser, Salz und Zitronensaft aufkochen und die Artischockenböden darin 7 Minuten garen. Die Böden herausnehmen und abtropfen lassen.

3. Die Entenbrüste auslösen und kalt stellen. Die Karkassen (Knochen) klein hacken und in einem Topf ohne Zugabe von Fett einige Minuten bräunen.

4. Die Zwiebel und die Knoblauchzehe abziehen und beides grob zerschneiden. Möhre und Sellerie putzen, waschen und klein schneiden. Die Petersilie abbrausen, trockenschwenken und hacken. Alles mit den Gewürzen zu den Karkassen geben. Mit Rotwein und Wermut aufgießen und 10 Minuten einkochen lassen.

5. Die Sauce mit der Hühnerbrühe aufgießen und weitere 12 Minuten einkochen lassen. Die Sauce durch ein Sieb gießen, erneut aufkochen und die Sardellenpaste einrühren.

6. Die Tomaten überbrühen, abziehen, vierteln, entkernen und würfeln. Die Artischockenböden ebenfalls würfeln. Estragon waschen, trockenschwenken und die Blättchen grob hacken.

7. Das eingekochte Gemüse pürieren, erhitzen und mit Salz, Pfeffer und Estragonblättern würzen. Die Butter flöckchenweise unterschlagen. Die Artischocken- und Tomatenwürfel in die Sauce geben.

8. Die Oliven in heißem Olivenöl schwenken, leicht pfeffern und warm stellen. Die Entenbrüste trockentupfen und je nach Größe pro Seite 8 Minuten in Butterschmalz rosa braten. 5 Minuten in der Pfanne ruhen lassen. Die Entenbrüste in dünne Scheiben schneiden und mit der Sauce und den Oliven servieren.

Zubereitungszeit:
ca. 1 Stunde 15 Minuten

Raffiniert

Artischockengemüse mit Trüffelrahm

Für 4 Portionen

- 4 große Artischocken (à 500 g)
- Zitronenwasser
- 3 Knoblauchzehen
- 200 ml trockener Weißwein
- Salz
- 100 ml Olivenöl
- 2 Zweige Thymian
- 1 Zweig Rosmarin
- 2 kleine frische Lorbeer- blätter
- 500 g mittelgroße Champignons
- 1 Stange Lauch
- 1 Pck. Trüffelrahmsauce (für 250 ml Flüssigkeit)
- 200 g Sahne
- 1 EL Butter
- frisch gemahlener weißer Pfeffer
- frisch geriebene Muskat- nuss
- 1 Bund Kerbel

1. Die Artischocken waschen, die Stiele abbrechen. Die Artischocken um zwei Drittel stutzen. Die äußeren Blätter um den Blütenboden entfernen. Die Blattansätze und harten Stellen am Rand und an der Bodenunterseite abschälen. Das Heu entfernen. Jeden vorbereiteten Boden sofort in Zitronenwasser legen.

2. Die Knoblauchzehen abziehen und vierteln. 1 Liter Wasser mit Weißwein, Salz, Olivenöl (bis auf 1 Esslöffel), Kräutern sowie den Lorbeerblättern in einem Topf aufkochen. Die Artischockenböden darin etwa 8 Minuten garen und im Sud auskühlen lassen.

3. Inzwischen die Champignons putzen, eventuell waschen und trockentupfen. Die Stiele abschneiden und in Scheiben schneiden, die Köpfe vierteln oder halbieren. Den Lauch putzen, waschen und in Ringe schneiden.

4. Die Artischockenböden aus dem Sud nehmen, gut abtropfen lassen und vierteln oder achteln. 250 Milliliter Artischockensud in einem Topf erhitzen, das Saucenpulver einrühren. Die Sauce

nach Packungsaufschrift zubereiten und mit der Sahne verfeinern.

5. Das restliche Olivenöl in einer Pfanne erhitzen, die Butter zugeben und den Lauch darin andünsten. Champignons zugeben und 5 Minuten unter Wenden dünsten. Die Artischockenstücke zufügen und mit Pfeffer und Muskat würzen. Mit der Trüffelrahmsauce übergießen und alles mischen.

6. Den Kerbel abbrausen, trockenschwenken und die Blättchen von den Stielen zupfen. Das Artischockengemüse mit Kerbel bestreut servieren.

Zubereitungszeit: ca. 1 Stunde

Serviertipp
Fein schmeckt dieses Gericht mit gebratenen Kalbs- oder Schweinemedaillons und Pellkartoffeln. Dazu einen zarten Blattsalat reichen.

Mediterran

Artischockenherzen mit Lammfleisch

Für 4 Portionen

- 8 kleine Artischocken (à 70 g)
- Zitronenwasser
- 750 g Lammfleisch (aus der Keule)
- 2 Schalotten
- 2 EL Pflanzenöl
- 1 Pck. TK-Suppengrün
- 1 EL Mehl
- Salz
- frisch gemahlener weißer Pfeffer
- 5 EL Zitronensaft
- 4 EL TK-Petersilie

1. Die Artischocken waschen, die Stiele abschneiden. Die Artischocken um ein Drittel stutzen. Die Hüllblätter rund um den Stiel abzupfen. Alle holzigen Teile am Blütenstiel vom Bodenrand zum Stielende hin abschneiden. Das Heu entfernen. Jedes vorbereitete Artischockenherz sofort in Zitronenwasser legen.

2. Das Lammfleisch waschen, trockentupfen und in 3 cm große Würfel schneiden. Die Schalotten abziehen und fein würfeln.

3. Das Öl in einem breiten Topf erhitzen. Das Lammfleisch mit den Schalottenwürfeln und dem Suppengrün in 5 Minuten goldgelb anbraten.

4. Das Fleisch mit Mehl bestäuben und so viel Wasser angießen, dass das Fleisch bedeckt ist. Mit Salz, Pfeffer und 2 Esslöffeln Zitronensaft würzen. Die Artischockenherzen gut abgetropft auf dem Fleisch verteilen. Alles zugedeckt 40 Minuten schmoren lassen.

5. Den Topfinhalt nochmals gut umrühren und mit dem restlichen Zitronensaft abschmecken. Das Gericht mit der Petersilie bestreut servieren.

Zubereitungszeit:
ca. 1 Stunde 15 Minuten

Serviertipp

Dieses raffinierte Lammgericht schmeckt gut mit Stangenweißbrot, Salzkartoffeln oder farbigen Nudelnestern. Ein Weißwein aus dem Rheingau rundet das Essen ab.

Italienisch

Bandnudeln mit Artischocken

Für 4 Portionen

- 24 kleine Artischocken (à 40 g)
- Zitronenwasser
- 1 rote Zwiebel
- 2 Knoblauchzehen
- 8 EL Olivenöl
- 1 EL Butter
- 200 ml trockener Weißwein
- 200 ml Gemüsebrühe
- Salz
- frisch gemahlener weißer Pfeffer
- 500 g schmale Bandnudeln
- 100 g geriebener Pecorino

1. Die Artischocken waschen, die Stiele abschneiden. Alle harten Außenblätter vom Blütenboden abzupfen. Von den übrigen Blättern die Spitzen stutzen. Die Artischockenherzen längs halbieren. Die vorbereiteten Hälften sofort in Zitronenwasser legen.

2. Die Zwiebel und die Knoblauchzehen abziehen. Die Zwiebel in kleine Würfel schneiden, die Knoblauchzehen durch die Knoblauchpresse drücken.

3. In einer Pfanne 5 Esslöffel Olivenöl erhitzen. Die Zwiebelwürfel und den Knoblauch darin glasig werden lassen.

4. Die Artischockenherzhälften aus dem Zitronenwasser nehmen, abtropfen lassen und in die Pfanne geben. Unter Wenden anbraten, dann die Butter zufügen. Mit Weißwein ablöschen und die Gemüsebrühe zugießen. Mit wenig Salz und Pfeffer würzen. Zugedeckt bei kleiner Hitze 12 Minuten dünsten.

5. Inzwischen die Nudeln in reichlich kochendem Salzwasser nach Packungsaufschrift bissfest garen. Die Bandnudeln in einem Sieb gut abtropfen lassen.

6. Die Bandnudeln mit den gedünsteten Artischockenherzen mischen, das restliche Olivenöl unterheben und das Gericht mit Pecorino bestreut servieren.

Zubereitungszeit:
ca. 1 Stunde

Serviertipp
Servieren Sie zu diesem köstlichen Nudelgericht einen grünen Blattsalat mit Joghurtdressing oder einen Tomatensalat mit Zwiebelringen und Vinaigrette.

Tipp

Wer mag, kann über das Gericht in einer trockenen Pfanne geröstete Pinienkerne oder gehackte Mandeln streuen. Das gibt den Nudeln einen extra Biss.

Für Pasta-Fans sind Bandnudeln mit Artischocken (Bild rechts) gerade richtig.

Französisch

Artischockenherzen à la Barigoule

Für 4 Portionen

- 12 kleine Artischocken (à 70 g)
- Zitronenwasser
- 100 g durchwachsener Speck
- 1 große Zwiebel
- 4 Knoblauchzehen
- 1 Möhre
- 6 Sardellenfilets
- 50 ml Olivenöl
- 1 Zweig Thymian
- 1 Stück Lorbeerblatt
- Salz
- frisch gemahlener schwarzer Pfeffer
- 250 ml trockener Weißwein

1. Die Artischocken waschen, die Stiele abschneiden. Die Artischocken um ein Drittel stutzen. Die Hüllblätter rund um den Stiel abzupfen. Alle holzigen Teile am Blütenstiel vom Bodenrand zum Stielende hin abschneiden. Das Heu entfernen. Jedes vorbereitete Artischockenherz sofort in Zitronenwasser legen.

2. Den Speck fein würfeln, die Zwiebel und die Knoblauchzehen abziehen und ebenfalls würfeln. Die Möhre putzen, waschen und fein hacken. Die Sardellenfilets abtropfen lassen und zu einer feinen Paste rühren.

3. Das Öl in einem Topf erhitzen und die Speckwürfel darin knusprig braten. Die Zwiebelwürfel zugeben und glasig werden lassen. Die Knoblauchwürfel und Möhrenstücke zufügen und alles 5 Minuten zugedeckt dünsten.

4. Die Artischocken aus dem Zitronenwasser nehmen und gut abtropfen lassen. Die inneren Blätter etwas aufbiegen und mit der Sardellenpaste füllen. Die Artischocken zu dem Gemüse in den Topf geben und alles unter Wenden anbraten.

5. Den Thymian abbrausen und trockenschwenken. Die Blättchen von dem Stiel zupfen und mit dem Lorbeerblatt, Salz und Pfeffer zu den Artischocken geben. Mit Weißwein ablöschen und mit so viel Wasser aufgießen, dass die Artischocken gerade bedeckt sind. Im offenen Topf etwa 30 Minuten garen.

Zubereitungszeit:
ca. 30 Minuten

Serviertipps

- Die Artischockenherzen einfach nur mit knusprigem Stangenweißbrot servieren.
- Gut schmecken sie auch als Beilage zu gebratenem Kabeljaufilet oder zu Rehmedaillons und Kartoffelbrei.

Info

Sardellen (Anchovis) sind kleine Heringsfische, die fast ausschließlich stark gesalzen in Form von Sardellenfilets, Sardellenpaste oder Sardellenbutter in den Handel kommen.

 Italienisch

Tortellini mit Artischockenragout

Für 2 Portionen

- 10 kleine Artischocken (à 40 g)
- Zitronenwasser
- 1 Knoblauchzehe
- 4 EL Olivenöl
- Salz
- weißer Pfeffer
- 1 Packung Tortellini mit Spinat und Ricotta (Fertigprodukt)
- 100 g Pesto alla genovese (aus dem Glas)

1. Die Artischocken waschen, die Stiele abschneiden. Alle harten Außenblätter vom Blütenboden abzupfen. Von den übrigen Blättern die Spitzen stutzen. Jedes vorbereitete Artischockenherz sofort in Zitronenwasser legen.

2. Die Artischockenherzen aus dem Zitronenwasser nehmen, gut abtropfen lassen und der Länge nach in dünne Scheiben schneiden. Die Knoblauchzehe abziehen und fein würfeln.

3. In einer Pfanne das Olivenöl erhitzen und den Knoblauch darin anbraten, die Artischockenscheiben dazugeben und 5 Minuten leicht anbraten. Wenig salzen und pfeffern und weitere 5 Minuten zugedeckt dünsten.

4. Die Tortellini in reichlich kochendem Salzwasser nach Packungsaufschrift garen. In einem Sieb gut abtropfen lassen. Die Tortellini in eine vorgewärmte Schüssel geben und mit den Artischockenherzen und dem Pesto vorsichtig mischen. Die Tortellini sofort servieren.

Zubereitungszeit: ca. 25 Minuten

Variante
Wer die Mühe nicht scheut, kann das Pesto selbst herstellen: Dazu 2 Bund Basilikum waschen und die abgezupften Blätter mit 2 abgezogenen Knoblauchzehen, 30 Gramm Parmesan (am Stück) und 50 Gramm Pinienkernen im elektrischen Zerkleinerer fein hacken, nach und nach 4 bis 6 Esslöffel natives Olivenöl untermischen und das Pesto mit Salz und weißem Pfeffer abschmecken.

Serviertipp
Die Tortellini als sommerliches Abendessen mit Ciabatta servieren und als Getränk einen Rosé aus der Toskana, z. B. einen Cipresseto Rosato, kredenzen.

Tipp
Tortellini mit Spinat und Ricotta gibt es eingeschweißt im Kühlregal der Supermärkte. Dort finden Sie auch Tortellini mit einer anderen Füllung oder Ravioli.

Italienisch

Artischockenravioli

Für 4 Portionen

- 150 g Weizenvollkornmehl
- 50 g Hartweizengrieß
- 3 Eier (Gew.-Kl. M)
- 1 TL Pflanzenöl
- Salz
- 4 große Artischocken (à 450 g)
- Zitronenwasser
- 3 EL Zitronensaft
- 100 g Butter
- 100 g geriebener Pecorino
- weißer Pfeffer
- 3 Stiele Oregano
- Mehl zum Bestäuben

Pecorino gibt den Arti-schockenravioli (Bild rechts) den guten Geschmack.

1. Mehl und Grieß, 2 Eier, Salz und Öl zu einem geschmeidigen Teig verarbeiten. Den Teig zu einer Kugel formen, in Frischhaltefolie wickeln und flach drücken. 30 Minuten kalt stellen.

2. Die Artischocken waschen, die Stiele abbrechen. Die Artischocken um zwei Drittel stutzen. Die äußeren Blätter um den Blütenboden entfernen. Die Blattansätze und harten Stellen am Rand und an der Bodenunterseite abschälen. Das Heu entfernen. Jeden vorbereiteten Boden sofort in Zitronenwasser legen.

3. 3 Liter Wasser, Salz und Zitronensaft aufkochen. Die Artischockenböden darin 5 Minuten garen, herausnehmen und abtropfen lassen.

4. Für die Füllung die Artischockenböden fein würfeln. Butter in einem Topf erhitzen, die Artischockenwürfel hineingeben und zugedeckt unter häufigerem Wenden in etwa 5 Minuten gar dünsten. Herausnehmen und abkühlen lassen.

5. Ein Drittel der Artischockenwürfel beiseite stellen. Unter den Rest das Ei, Pecorino, Salz und Pfeffer rühren.

Oregano abbrausen, trockenschwenken, die Blättchen von den Stielen zupfen und grob schneiden. Gut die Hälfte davon in die Füllung geben, restliche Blättchen beiseite stellen.

6. Den Ravioliteig in 3 gleich große Stücke teilen. Die Teigstücke nacheinander auf bemehlter Fläche mit dem Nudelholz jeweils 2 mm dünn ausrollen. Nicht bearbeitete Teige in der Zwischenzeit in Folie gehüllt im Kühlschrank aufbewahren.

7. Aus den dünnen Teigplatten jeweils 8 cm große Quadrate ausradeln. In die Mitte der Quadrate jeweils etwas Füllung setzen. Die Ränder mit Wasser bestreichen, die Quadrate zu Dreiecken (ohne Lufteinschluss) zusammenklappen und die Ränder fest drücken.

8. Die Teigtaschen portionsweise in reichlich kochendem Salzwasser 8 bis 10 Minuten garen. Die Ravioli in einem Sieb gut abtropfen lassen und auf eine vorgewärmte Platte legen. Die beiseite gestellten Artischockenwürfel mit den Oreganoblättchen über die Ravioli geben.

Zubereitungszeit: ca. 1 Stunde 10 Minuten

Originell

Artischockenpizza

**Für 1 Pizzaform
von 28 cm Ø**

- 1 Packung Pizzateig
  (Backmischung)
- Mehl zum Bestäuben
- 1 EL Öl für die Form
- 3–4 EL stückige Tomaten
  mit Basilikum (aus der
  Packung)
- 300 g Thunfisch
  (aus der Dose)
- 1 kleine Knoblauchzehe
- ½ TL Salz
- 1 EL Olivenöl
- 1 TL getrockneter Thymian
- 1 Msp. frisch gemahlener
  weißer Pfeffer
- 16 Artischockenherzen
  (frisch gekocht von kleinen
  Artischocken à 30 g, Zubereitung siehe Rezept
  Seite 26, Schritt 1–3, oder
  aus dem Glas)
- 2 EL eingelegte Kapern
- 5 EL frisch geriebener
  Parmesan
- 2 Eigelbe
- 3 EL Crème fraîche
- 125 g geriebener Gouda

1. Den Backofen auf 200 °C
(Umluft 180 °C, Gas Stufe
3–4) vorheizen. Die Back-
mischung nach Packungsaufschrift zu einem glatten Teig
verarbeiten. Den Teig leicht
mit Mehl bestäuben, zu einer
Kugel formen, rund ausrollen
und in eine geölte Pizzaform
legen.

2. Die stückigen Tomaten auf
dem Teig verteilen, dabei
einen gut 5 mm breiten Rand
frei lassen. Den Thunfisch abtropfen lassen und zerpflü-
cken. Die Knoblauchzehe
schälen und mit dem Salz zerdrücken. Mit Olivenöl, Thymian und Pfeffer mischen und
über den Thunfisch geben. Die
Artischockenherzen vierteln.

3. Die Artischockenherzen auf
der Pizza verteilen und die
Kapern darüber streuen. Den
Parmesan mit Eigelben und
Crème fraîche verrühren und
über die Pizza gießen. Zum
Schluss den Gouda darüber
streuen.

4. Die Pizza im heißen Backofen auf der mittleren Schiene
20 Minuten backen.

Vorbereitungszeit:
ca. 25 Minuten
Backzeit:
20 Minuten

Serviertipp
Zur Artischockenpizza einen
frischen Feld- oder Friséesalat
mit Vinaigrette reichen. Als
Wein passt dazu ein Rotwein,
z. B. ein Merlot Vin de Pays
d'Or aus Südfrankreich.

Info

Kapern sind die Knospen des Kapernstrau-
ches. Qualitativ gute Kapern sollten etwa pfef-
ferkorngroß sein und fest geschlossene Köpfchen haben. Es gibt sie eingelegt in Essig oder
Öl. Darin entfalten sie ihr volles Aroma.

AUS BACKOFEN UND PFANNE

Rustikal

Artischockenbratkartoffeln

Für 8 Portionen

- 10 kleine Artischocken
  (à 70 g)
- Zitronenwasser
- 5 mittelgroße, gekochte
  Kartoffeln
- 4 EL Olivenöl
- Salz
- weißer Pfeffer
- 1 Bund Petersilie
- 4 Stiele Minze
- 2 EL Zitronensaft

1. Die Artischocken waschen, die Stiele abschneiden. Die Artischocken um ein Drittel stutzen. Die Hüllblätter rund um den Stiel abzupfen. Alle holzigen Teile am Blütenstiel vom Bodenrand zum Stielende hin abschneiden. Das Heu entfernen. Jedes vorbereitete Artischockenherz sofort in Zitronenwasser legen.

2. Die Kartoffeln schälen und in dünne Scheiben schneiden.

3. Die Artischockenherzen aus dem Zitronenwasser nehmen, gut trockentupfen und der Länge nach in dünne Scheiben schneiden. In einer beschichteten Pfanne 2 Esslöffel Öl erhitzen. Die Artischockenscheiben im heißen Öl beidseitig anbraten. Mit etwas Salz und Pfeffer würzen, aus der Pfanne nehmen und warm stellen.

4. Das restliche Öl in der Pfanne erhitzen und die Kartoffelscheiben darin goldgelb braten. Mit etwas Salz und Pfeffer würzen, die Artischockenscheiben untermischen.

5. Die Petersilie und die Minze abbrausen und trockenschwenken. Die Blättchen von den Stielen zupfen und fein hacken. Den Zitronensaft über die Artischockenbratkartoffeln geben und diese mit Petersilie und Minze bestreut servieren.

Zubereitungszeit:
ca. 40 Minuten

Serviertipp
Die Artischockenbratkartoffeln sind eine ausgezeichnete Beilage zu kurz gebratenem Fleisch oder Fisch, können aber auch solo mit knusprigem Stangenweißbrot und Salat serviert werden. Ein Chardonnay passt in beiden Fällen sehr gut dazu.

Impressum

Die Deutsche Bibliothek –
CIP-Einheitsaufnahme

Iden, Karin:
Köstliche Rezeptideen mit
Artischocken / Karin Iden. –
München : Augustus-Verl., 2000
(Lust auf Genuss)
ISBN 3-8043-6032-7

Der Verlag dankt der Firma Prince
de Bretagne für die freundliche
Unterstützung.

Augustus Verlag München 2000
© Weltbild Ratgeber Verlage
GmbH & Co. KG

Redaktion: Martina Solter
Projektleitung: Michaela Zelfel
Gestaltung: Ludwig Kaiser,
München
Umschlagfoto, Foodfotos und
Foto S. 7: Ulrich Kerth, München
Fotos S. 3–6 und Umschlagrück-
seite: Prince de Bretagne, Saint-
Pol-de-Léon
Freisteller: Fotostudio Schmitz,
München, und Verlagsarchiv
DTP und Litho: Uhl + Massopust
GmbH, Aalen
Druck und Bindung: Offizin
Andersen Nexö, Leipzig

Printed in Germany

ISBN 3-8043-6032-7

Rezepteregister

Zutatenregister